助産師
さき先生の

# はじめての
# 母乳育児

水内早紀
（助産師さき）

すばる舎

# はじめに

お母さんたちに、母乳育児をもっとハッピーにスタートしてもらいたい！

そんな思いで本書を書きました。

はじめまして。私は普段、3人の子どもの育児をしながら、子育て相談の助産院を開業している水内早紀と申します。また「助産師さき」という名前でSNS上で赤ちゃん育児に役立つ情報の発信もしています。

助産師の資格をもち、授乳のプロであるという自負があった私ですが、実際に母乳育児をしてみたら想像とは違ってとても大変でした。

1人目の子は生まれてすぐからおっぱいを飲むのが上手でした。乳首を近づければ口を大きく開け、一生懸命に飲んでくれるんです。その姿が本当にかわいくて、お母さんになったんだなぁという実感とともに感動したことを覚えています。

ところが！　年子で出産した2人目の子は、すんなりとはいきませんでした。おっぱいを近づけても口を開けないので、そもそも授乳が始まりません。試行錯誤してどうにか口の中に乳首をねじ込み（笑）、やっと吸わせられたと思っても、すぐに吸うのをやめちゃうんです（泣）。

こんな調子でなかなか飲んでくれないため、母乳の量も増えません。2人目だというのに、退院時には搾乳しても数滴しか出ないレベル。

そんな調子だったので、乳腺炎にもなりました。退院後も、飲んだり飲まなかったりのムラが激しかったので、母乳が溜まって詰まるということを10回以上も繰り返す日々で、助産師であり授乳に慣れている2人目なのに、こんなにもスムーズにいかないとは！　と驚きました。

そして現在は、0歳の3人目の子を保育園に預けて、働きながら母乳育児を続けています。

ワーママで授乳なんて大変では？　と思う人もいるかもしれませんが、2人目の子の時と違って1度も乳腺炎になることもなく、快適に母乳育児を楽しめています♪（本書には働きながら授乳を続ける方法もまとめていますよ！）

これまで10年以上助産師として働き、お母さんたちから1万件以上の相談を聞いてきた中でつくづく思うのは「母乳育児は一人ひとりまったく違う！」ということです。

お母さんになったからといって、最初から母乳育児が上手にできるわけではありません。だからこそ、授乳がうまくいかずに悩んでいるお母さんに、「あなたが悪いわけではないんだよ！」とお伝えして、安心してもらいたいと思っています。

じゃあ、うまくいかないのは仕方ないのかというと、そんなことはありません。退院時には母乳が少ししか出なかった私でも、1か月後には母乳だけで育てられるようになりました。おっぱいが詰まったり、乳腺炎になったりすることがあっても、正しい対処法を知っていればセルフケアで対応することができます。

大切なのは正しい授乳の方法、母乳を増やす方法、トラブルを予防したり改善する方法を身につけ、わが子と自分に合ったスタイルで授乳をしていけるようになることです！

私自身が子育てをしてみてインターネット上に質の高い母乳育児の情報が少ないと思ったのが、今の活動を始めたきっかけでした。
授乳がうまくできるようになるには、赤ちゃんの正しい抱き方やおっぱいの吸わせ方が大切です。

しかし、インターネット上にはそういった大切な情報があまりないばかりか、脂肪が多い物を食べると乳腺炎になるとか、母乳の質をよくするために和食がいいなど、医学的に根拠のない情報がたくさん溢れています。

母乳のためにと食べたい物を我慢してストレスを溜めている人や、授乳の正しい知識がないことで母乳量が増えず、「私には母乳育児は無理なんだ」と諦めてしまう人が少なくないことを知りました。

本当に役立つ正しい情報に出合えないことで、子育てのスタートが悩みやつらさばかりになってしまったら悲しい！　お母さんには少しでも笑顔でいてほしい！

そんな気持ちから、ＳＮＳで情報発信をして、オンラインでの育児相談や講座を始めたところ、国内だけではなくいろいろな国に住むお母さんがアクセスしてくれるようになりました。

授乳講座を受講してくれたお母さんたちは、開始3年で１５００人以上にのぼります。世界中のお母さんが母乳育児で悩み、もっと幸せに授乳したいと思っていることを実感しました。

また、こうした活動を続けるうちに、嬉しいメッセージがたくさん届くようになりました。

「いちばんひどい時には子どもを産んだことさえ後悔するほど毎日がつらかったのですが、育児は楽しむものだという考えに変わりました」

「詰まって大変な時期もありましたが、満足できるかたちで卒乳できたので、本当に幸せな授乳生活だったなぁと思います」

「授乳できることがとても幸せで、大切な時間だと感じるようになりました。なにより仕事復帰後も授乳が癒しの時間になりました」

子育ては大変です。だけど、とても尊く幸せなものだと、私は思います。

母乳育児を「大変なもの」と思っていたのは、実は「母乳育児がラクになる方法を知らなかっただけ」で、正しい知識を身につけることで楽しさや幸せを感じてもらえる人をたくさん見てきました。

そこでこの本には、母乳育児でつまずいたり困ったりしやすいポイントや、講座で反響の多かった内容について、できる限りエビデンス（科学的根拠）に基づいて、新生児の授乳から断乳や卒乳に至るまでをまとめました。

つい先日、私の講座を受講してくださったお母さんから、授乳を卒業するタイミングですてきなメッセージをいただきました。

「最後の授乳は嬉し涙か寂し涙か、涙が出ながらになりましたが、たくさん飲んでくれてありがとうの気持ちでいっぱいでした！　母乳で育てたことは、宝物です」

この本を手にとってくださったあなたも、授乳の日々がこうした最高の思い出となりますように。

大切な子どもとのいちばん最初の子育てである「母乳育児」を、笑顔でスタートできる一助になれば幸いです。

２０２３年12月

水内早紀

## エビデンスの有無がハッキリした講座ですごく勉強になりました。

乳腺炎を繰り返して、産院の母乳外来に頻繁に通院。おっぱいが詰まらないようにする方法を検索しまくっていた時に早紀さんを知りました。講座を受けたあと、乳腺炎になった時の心のもちようが変わりました。正しい情報を知ることで安心できたのだと思います。

生後8か月あたりから乳腺炎になっても自分で解決できることが増えてきました。授乳の時期は精神状態も不安定で軽い乳腺炎になっただけでもかなり不安でイライラしていたのに、その不安やイライラを減らすことができ受講して本当によかったと思っています！

はるひとママ　福岡県

母乳育児を学んでよかった！
の声、続々！！

## 両方陥没乳頭で、母乳量がなかなか増えず、実家からの母乳信仰圧がすごすぎてプレッシャーを感じていたのですが、母乳量を増やすコツを教えていただき、私も諦めずにやろうとがんばれました！

2回食に進んだ頃、突然ミルク拒否になったことで母乳一本となり、ここまで早紀さんの情報に助けられながら母乳育児を諦めなくてよかったと、改めて感謝です。

私の授乳ライフは決して幸せ感に満ちたものとはいえず、むしろトラブル続きでしんどいことばかりでしたが、いざ卒乳の日が来てみると、あんなに心待ちにしていた日なのに、涙がポロポロとこぼれ、本当に本当に飲んでくれてありがとうと思えました。

2月末に第二子が生まれてくる予定です。今度の授乳ライフもきっと、へこむことがあると思うのですが、「飲んでくれてありがとう」を常に心に留めながら過ごせるといいなと思っています！

まる　愛知県

## 我慢の連続だと思っていた授乳生活がプラスの印象に変わりました。

上の子の時は、授乳は母親の仕事だと半ば義務的に思っていました。産院では食事の内容などに気をつけるよう指導があり、母になることは我慢の連続だなと、ワンオペ育児も重なってつらい日々でした。
その中で早紀さんのSNSを拝見し、医学的根拠に基づいた情報や、お母さんたちに優しく寄り添ってくれる温かい投稿を見ているうちに、授乳は今しかできない幸せな時間だと気づき、下の子にはストレスはほとんどなく、楽しく授乳できています♪

りら　栃木県

## 海外に住んでいると、日本語で日本人の感覚で母乳育児のことを気軽に相談できる環境ではないので、早紀さんの講座は本当に心の支えになりました。

教えていただいたスケジュールやコツ、心構えなどを参考に、私も息子も気持ちを整えて断乳に臨むことができたので、とてもスムーズにおっぱいの卒業を迎えることができました。きっと寂しい気持ちになるなぁと気構えていたのですが、不思議と寂しさはなく、「ここまで飲んでくれてありがとう。私も授乳やりきった！」と清々しい気持ちでいっぱいになりました。幸せな授乳体験に導いていただき、本当にありがとうございました！

との　アメリカ合衆国

## 卒乳前に動画を撮ったり幸せな思い出もしっかり作れました♪

長女の時には仕事復帰が迫っており、10か月で断乳せねば！　と無理矢理断乳しました。今振り返れば授乳頻度が多いままで無計画に等しい状態だったので、最後まで乳腺炎に悩まされ、どちらかというと苦しい授乳生活でした。その後、早紀さんに出会い、仕事に復帰後も授乳を続ける方法を知れたことで、次女の時は乳腺炎に悩まされることもなく、次女のペースに合わせて卒乳できました！　早紀さんのおかげです♡

はま　広島県

## 講座をキッカケに気持ちがラクになり、母親としての自信もつきました

生まれてすぐから本当に大変なことが多かった授乳。だから終わり方はせめて理想の卒乳をしたい！　と強く望んでいました。しかし、講座を受けて「断乳・卒乳は一人ひとり違うストーリーがある」「どんな終わり方でもこれまでがんばってきたこと、子どもへの愛情は変わらない」ことを学びました。早紀さんの「卒乳証書」を参考に、自分と娘にオリジナル卒乳証書を作り授与式もして、とてもいい思い出になりました。これから講座を受ける方にも、ママと赤ちゃんだけの授乳ストーリーを紡いでほしいなと思います。

まんまみーな　神奈川県

母乳育児を学んでよかった！
の声、続々！！

## 私の都合で断乳してしまうことに罪悪感も感じていましたが、やめ方の技術的なところはもちろん、親子がともにハッピーに授乳を終えられるようにというところにフォーカスされていて、断乳をポジティブに考えられるようになりました。

断乳すると決めた日の最後の授乳は、無事にここまでこられたという感謝の気持ちと寂しさで泣きながら授乳したのですが、今でも忘れられないとても大切な思い出です。そう考えられたのも、講座のおかげだったなぁと思います。

みひ　大阪府

## 復職後も断乳することなく、授乳を続けることができました！

母乳が出やすい体質だったのに、上の子は授乳しても飲んでくれなくて捨てていた思い出。授乳辛いな…といい思い出がなったけれど、第二子はとてもよく飲む子でした。

0歳で仕事復帰したい気持ちと授乳のために育休延長か断乳かと考えていたので、復職後も授乳を諦めなくていい方法があるのだと目から鱗でセミナーを聞きました。

授乳はやり方がこれしかない！　なんてことなくて、どんなことも正解で、上の子の授乳の仕方も、それで良かったのかもしれません。もっといろんな選択肢を知っていたら、辛くなかったのかもと思いました。おかげさまで、復職してからも工夫しながら授乳できていて、とても幸せな気持ちで過ごせています。本当に感謝しかありません。

ぽむちゃん　東京都

## 早紀さんが「授乳には一人一人エピソードがある！」と言ってくださったことに、心救われました。

1人目は混合、2人目は完母からの混合でした。完母が正しい、完母が正解！　と思い込みがちでしたが、私は私なりの授乳ストーリーでいいんだと思うと、心が軽くなりました。

Ｋｕｍａ　東京都

## 産院でのスパルタ母乳教育に心身ズタボロになって退院してきて、早紀さんのインスタにたくさん助けられました！

私が行った産院ではまだ食べ物が乳腺炎に影響するという考え方で、フルーツは糖分がよくない、油物もダメと言われて、食べられるものが何もないと病んでいた時に、「エビデンスはないから何でも食べてＯＫ」という言葉を聞いて救われました。何もわからないまま始まる育児の中で、早紀さんの情報と前向きな言葉に何度も助けられてきました。

ふみえ　山形県

第1章

# ラクで幸せな正しい授乳の仕方

第2章

## 授乳期の赤ちゃんについて知ろう



第3章

## 母乳育児にまつわるギモン

第4章

## 混合育児でも心配しないで!



第5章

## おっぱいのギモン1問1答

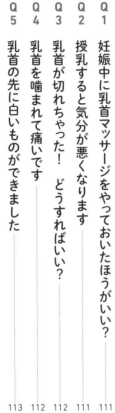

## 第6章 乳腺炎を予防しよう



## 第7章 働きながら授乳を続けるコツ



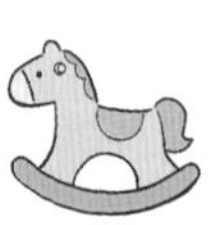

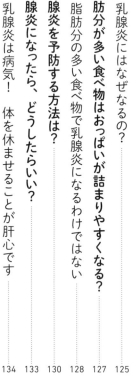

第8章

# 断乳・卒乳をハッピーに迎えよう！

装丁……加藤愛子（オフィスキントン）
イラスト……二平瑞樹
DTP……ベクトル印刷

# 第1章

# ラクで幸せな正しい授乳の仕方

赤ちゃんのご妊娠、ご出産おめでとうございます！

新しい命の誕生とともにスタートする、いちばん最初の子育てが授乳です。しかも母乳を作っておっぱいを飲ませるということは、育児の中で唯一、お父さんにはできないこと。授乳はお母さんだけが経験できる、特別な子育てといえるでしょう。

この特別な子育ては、赤ちゃんにもお母さんにもいいことがたくさんあります。

まず赤ちゃんは、成長に必要な栄養はもちろんのこと、細菌やウイルスと戦うための免疫や抗体も母乳から受け取ることができます。たとえば、お母さんが風邪をひくとその抗体が母乳へ。赤ちゃんは母乳から抗体をもらうことで風邪をひきにくくなり、たとえかかったとしても軽症ですみやすくなる効果があるんです。

ほかにも、下痢・中耳炎・肺炎・気管支炎・膀胱炎・乳幼児突然死症候群などの病気のリスクを下げてくれます。

つまり、母乳は栄養を与えるだけでなく、赤ちゃんの体を守ってくれているということ。お母さんの体は凄いものを作っているんです。

さらに、授乳はお母さん自身にもメリットがあります。

母乳づくりには1日に約500キロカロリーが消費されるため、食べすぎなければ自然と妊娠前の体重に戻り、乳がん・卵巣がん・子宮がん、糖尿病や高血圧などのリスクも下げてくれます。

このようにいいことがたくさんあるからこそ、母乳で育てるために大切なことをギュッと詰め込んだのが本書です。第1章では赤ちゃんとの生活を、なるべくラクに楽しく♪　幸せにスタートするために知っておきたい、授乳の正しい方法をお伝えします。

Q

生まれたらすぐに
母乳がたくさん出ると思っていたのに、
あまり出ません。
量を増やす方法は?

A 産後すぐに母乳がたくさん出るという人はごく稀です。最初は少ししか出なくても大丈夫！　赤ちゃんのよい抱き方・おっぱいのくわえさせ方をして、1日8回以上の授乳を続けると、母乳の量は増えていきますよ。

## 授乳は産後すぐにスタートしよう！

出産という大仕事、お疲れさまでした。

体はあちこち痛いし、疲れているのに眠れないし、産後って想像していたよりも大変！　赤ちゃんを病院のスタッフや家族にお任せしてゆっくり休みたい！　と思ったりしませんか？

私は思っていました（笑）

ただ、できるだけ早期に母乳の量を増やすためには「出産後なるべく早くから」「1日にたくさん授乳すること」この2つがとても大切です。

## ✻ 母乳は色や成分が変化する

産後2~3日頃の母乳は「初乳」といって、黄色っぽくて免疫成分が多く入っています。

量は少なく、最初はまったく出なかったり、数滴しか出なかったりする人もいます。これを知らないと「私って母乳が出ない体質なのかも……」と、ショックを受けてしまう人がいますが、気を落とさないでください。授乳をして母乳作りをしていきましょう。

## ✻ 1日8回以上の授乳がベスト!

母乳を作る働きのあるプロラクチンというホルモンは、授乳で乳首を刺激されることで分泌されます。そのため、母乳が出なくても1日8回以上おっぱいを吸わせることがポイントです!プロラクチンは何もしないと、産後1～2週間で妊娠前の量に戻ってしまうため、直接授乳ができない人は搾乳してくださいね。

産後2～3日頃からは、母乳は黄色っぽい色から、乳糖や脂肪を多く含む白っぽい色に変わっていきます。このタイミングで、おっぱいが急に強く張ってきたり、熱をもったりすることがあるので、張りすぎを防ぐためにも1日8回以上の授乳を続けていきましょう。

産後9日頃になると、母乳は白い成乳へと変化します。おっぱいが空に近くなればなるほど母乳が作られるしくみになるので、量を増やすためには回数だけではなく、赤ちゃんの抱き方とおっぱいのくわえさせ方に気をつけて、1回でなるべくたくさん飲んでもらうのがコツです。

逆に、おっぱいに母乳が溜まったままの状態になると、母乳中のフィル（ＦＩＬ）という物質の濃度が高まって、母乳が作られなくなってしまいます。

つまり、母乳があまり出ないと悩んでいる人は、１回でたくさん飲めるように、おっぱいが張るまで待ってから授乳するのではなく、張らなくても頻繁に授乳して増やしていくのが正解です。

おもしろいことに、母乳作りは左右のおっぱいで独立しています。左のおっぱいをあまり飲ませていないと、左のおっぱいだけ母乳の量が減っていきます。

母乳の量の左右差についてお悩み相談を受けることがあるのですが、母乳が足りていれば左右の量の違いは気にしなくて大丈夫です。実際、飲ませやすい片方のおっぱいだけで卒乳まで終えたという人もいますよ。あまり神経質になりすぎず、授乳はおおらかにやっていきましょう！

## ✼ 母乳作りに欠かせない2つのホルモン

母乳を作る働きのあるプロラクチンというホルモンは、1日8回以上の授乳をすると、次の授乳までに濃度が下がることを防いでくれます。だから母乳がまだ十分に出ない時ほど、たくさん授乳してプロラクチンの濃度を高く保つことが大切なんですね。

そして、作られた母乳を外に押し出す働きをするのが、オキシトシンです。別名、「愛情ホルモン」と呼ばれるオキシトシンは、授乳の刺激だけではなく、赤ちゃんを抱っこする、においを嗅ぐ、赤ちゃんのことを考えることでも分泌されることがわかっています。

ただし、オキシトシンはストレスがあると分泌されにくくなってしまいます。赤ちゃんとスキンシップをとりながら、なるべくリラックスした状態で授乳していきましょう。

**Q**

**哺乳瓶ではゴクゴク一気飲みなのに、おっぱいは吸ったり休んだりします。ちゃんと飲めているか心配です**

**A** 哺乳瓶とおっぱいでは、飲み方が違います。母乳が飲めているかどうかは、「吸い方」を見てみましょう。

## 哺乳瓶とおっぱいでは吸い方が全然ちがう!

哺乳瓶の場合は、吸えばミルクがずっと出続けますよね。一方でおっぱいは、吸ったらすぐに母乳がたくさん出るわけではなく、体に「赤ちゃんがおっぱいを吸っているよ~」というサインが伝わることで、「母乳を出そう!」というスイッチが入るしくみです。

そのため、赤ちゃんは吸い始めには「母乳を出して~」というサインを送る〝呼び出し吸啜《きゅうてつ》〟と呼ばれる吸い方をします。くちゅくちゅと1秒間に数回の早い吸い方が特徴です。

母乳が出始めると、今度は母乳を飲み込むための〝栄養的吸啜〟という吸い方に変わります。これは、最初の吸い方と比べると口の動きが大きく、1秒間に1～2回のゆっくりとした動きをします。

この栄養的吸啜が少なく、ずっと呼び出し吸啜ばかりの時は、母乳があまり飲めていない可能性があるため注意が必要です。

そして、母乳の流れが落ち着くと赤ちゃんは少し休憩。また出てくると〝飲み込む吸い方〟をするというのを繰り返し、授乳が終わりに近づくとだんだん吸う間隔はあいていきます。

ちなみに、後半になるほどカロリーが高く、脂肪や脂肪性ビタミンが多い母乳になるので、間隔があいてきて「終わりかな？」と思っても、吸っているのならば最後まで飲んでもらうといいですよ。

Q

## 赤ちゃんが飲みやすくて、お母さんもラクな授乳のコツは?

A 授乳中の姿勢と赤ちゃんの抱き方を工夫すると、たくさん飲んでもらえるので、母乳量を増やすことができます。おっぱいトラブルや腰痛、肩こりも防げるので、いいことづくしですよ。

## 授乳中、猫背や前かがみになっていない？

授乳中の姿勢が悪いと、肩や腰が凝ったり、浅吸いになってしまうことが多いです。使っている授乳クッションが低い場合は、タオルを重ねてお母さんの乳首と赤ちゃんの口の高さが同じになるように調整しましょう。

椅子に座って授乳する場合は、背もたれにやや寄りかかるようにして、体の上に赤ちゃんを乗せてしまうとラクですよ。

### ✼ 授乳中の赤ちゃんの支え方がポイント

授乳する時は、頭だけではなく体全体を支えて、お互いの体をぴったりと密着させましょう。赤ちゃんのお顔だけをおっぱいに向かせるのではなく、ふたりのお腹が向き合うようにして、耳・肩・腰がねじれないように、まっすぐにするのがコツです。

頭を手でもつ場合は、頭全体をもつと、おっぱいをくわえさせる時にあごが引けて顔が下を向いてしまいます。上手なもち方は、耳のうしろに指をあて、手のひらで首・肩甲骨を支えること。すると顔がやや上を向くので、大きい口でおっぱいを深くくわえやすくなりますよ。

OK
ふたりのお腹が向き合っている
赤ちゃんの口とおっぱいの高さが合っている
赤ちゃんの体全体を支えている

赤ちゃんのお腹が天井を向いている（体がねじれている）
赤ちゃんの位置が低い
赤ちゃんの体を支えていない
NG

Q

## 授乳中の抱っこの仕方がよくわかりません

A 授乳の初心者さんにおすすめは「交差横抱き」です。いろいろと試してみて、自分と赤ちゃんに合う抱き方を見つけてみましょう。

## 交差横抱き

初心者さん向き。授乳に慣れていない新生児や、乳首を深くくわえるのが難しい子におすすめです。上手に吸いつき飲み始めた後は、おっぱいを支える手をそっと離し、横抱きにしてもいいですよ。

## 横抱き（ゆりかご抱き）

お母さんの肘に頭を乗せて授乳するので体は楽ですが、頭がブレやすいため実は難易度が高め。浅吸いに注意です。赤ちゃんを支える肘の角度は90度以内にするのがポイントです。

## 立て抱き

お母さんのももの上に赤ちゃんをまたいで座らせ、おしりをお母さんの体にぴったり引き寄せましょう。赤ちゃんのお口とおっぱいの高さを合わせ、顔がやや上を向くようにするのがコツです。

## フットボール抱き

赤ちゃんの体がお母さんの体の横に、足がお母さんの背中側にくるスタイルです。授乳クッションを使う場合はその下にタオルなどを丸めて入れて、高さを調整しましょう。

## リクライニング授乳

重ねたクッションやソファにもたれ、リクライニングの体勢をとります。角度は30〜45度くらいが目安。赤ちゃんを体の上に乗せて、おしりを支えて抱くようにして授乳します。

授乳中に頭を触られるのを嫌がる子や、母乳量が多くてむせてしまう子におすすめです。

## 添い乳

寝ながら授乳する方法で、枕を2つ重ねて高さを出すとやりやすいです。お母さんが眠ってしまうと窒息の危険性があるため、疲れている時は避けるなど、安全に気をつけましょう。

## ダンサー・ハンド・ポジション

赤ちゃんの下あごを支えて授乳する方法です。早産やダウン症など、おっぱいに吸いついたままでいられない疲れやすい子に有効です。

### ダンサー・ハンド・ポジションの手順

1 親指と人差し指でU字を作り、残りの3本の指と手のひらでおっぱいを下からカップのように丸く支えます

←

2 交差横抱きで、大きい口で乳輪ごとくわえさせます

←

3 親指と人差し指で赤ちゃんのあごを優しく支えます

←

4 赤ちゃんのあごの先がU字の底の部分にくるようにし、親指と人差し指で優しくあごを支えるようにして授乳します。

Q

## おっぱいのくわえさせ方が浅くなってしまいます

A あくびをするぐらい口を大きく開けたタイミングで、おっぱいを下から支えて吸わせてみましょう。吸わせる時は赤ちゃんを引き寄せて、下あごのほうから吸い付かせるのがコツです。

## 母乳をたくさん飲ませるには？

「おっぱいを吸われると痛い！」
「たくさん授乳してるのに、母乳が増えないよ～（泣）」
こんな時は、もしかしたらおっぱいのくわえさせ方が浅いのかもしれません。

くわえさせ方が浅いと、赤ちゃんは上手に母乳を飲むことができません。その結果、おっぱいトラブルを引き起こしたり、母乳が増えにくくなることがあります。

赤ちゃんが母乳を上手にたくさん飲むためには、乳輪ごと大きい口で深くくわえることがとても大切です！

## ✼ おっぱいをくわえさせるコツ

大きい口を開けてもらうためには、赤ちゃんの顔の向きがポイントになります。

試しにご自身で、うつむくように下を向いたまま口を開けてみてください。大きく開けにくいな〜と感じませんか？

次に少し上を向いて、同じように口を開けてみましょう。どうでしょう。こちらの方が大きく開けやすかったはずです。

つまり、赤ちゃんも顔をやや上に向かせてあげると、大きい口を開けやすくなるんです。

乳首をくわえさせる時の口の開きの理想は150度。あくびをするくらいの大きさになるまで待ってから、くわえさせてみてください。

母乳を少し絞って唇に当てると、口を開けやすくなる子もいますよ。

## ✽ おっぱいは根元から支えよう

赤ちゃんが吸いつきやすいおっぱいの形にする方法もあります。ハンバーガーを食べる時を想像してみてください。口よりハンバーガーが大きいとかぶりつくのが難しいですよね。

上下からつぶすというより、４本の指で下から支えるのがポイント！

でも、ハンバーガーを潰して平たくすれば、かぶりつきやすくなります。

おっぱいも同じです。上下からぎゅっと強く押しつぶす必要はありませんが、親指を赤ちゃんの鼻と同じ側に置き、親指以外の４本の指でおっぱいの根元（ブラジャーのワイヤーが当たる部分）を支えると、下あご側がくわえやすくなります。

## ✼ 大きな口でおっぱいをくわえさせる方法

①親指と赤ちゃんの鼻が同じ側にくるようにして、おっぱいを根元から支え、乳首をやや上向きにします
②赤ちゃんの鼻～上唇を乳首で触って刺激しましょう
③お口が大きく開いたタイミングで、赤ちゃんをお母さんの体に引き寄せます

④下唇を乳首の根元から遠い位置に当て、下あご側からくわえさせます（重要！）点線部分をアヒルの口や朝顔のように大きく開いた口でくわえられればオッケーです！

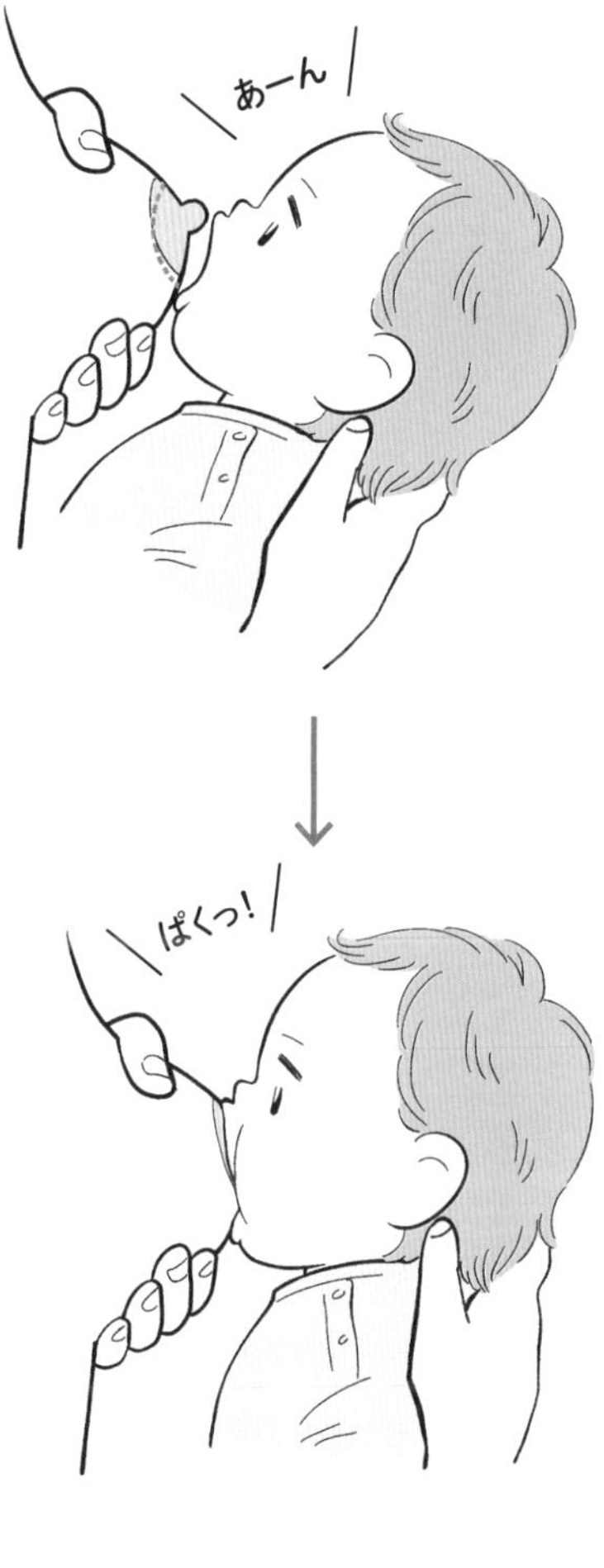

## ✻ 乳輪ごと上手にくわえられているか確認しよう

よいくわえ方とは、乳首に対して上唇側のおっぱいより、下唇側のおっぱいのほうが多く口の中に入った状態です。

おっぱいを飲んでいる様子を見ると、上手にくわえてよく飲めているかどうかがわかるので確認してみましょう。

### よく飲めているサイン

- 赤ちゃんの口がアヒルの口のように大きく開き（130度以上が目安）下唇が外側にめくれている
- 赤ちゃんの顎がおっぱいとくっついている
- 下唇側よりも、上唇側の乳輪が多く見えている
- ゆっくりと大きい動きで飲んでいる（栄養的吸啜）
- 乳首に痛みがない

### うまく飲めていないサイン

- 口の開きが小さい（130度未満）
- 顔がうつむき気味、あごがおっぱいから離れている
- 下唇が内側に巻き込まれている
- 乳輪ごとではなく乳首だけをくわえていて、乳首が痛む
- 授乳後の乳首がつぶれていたり、スジが入っている

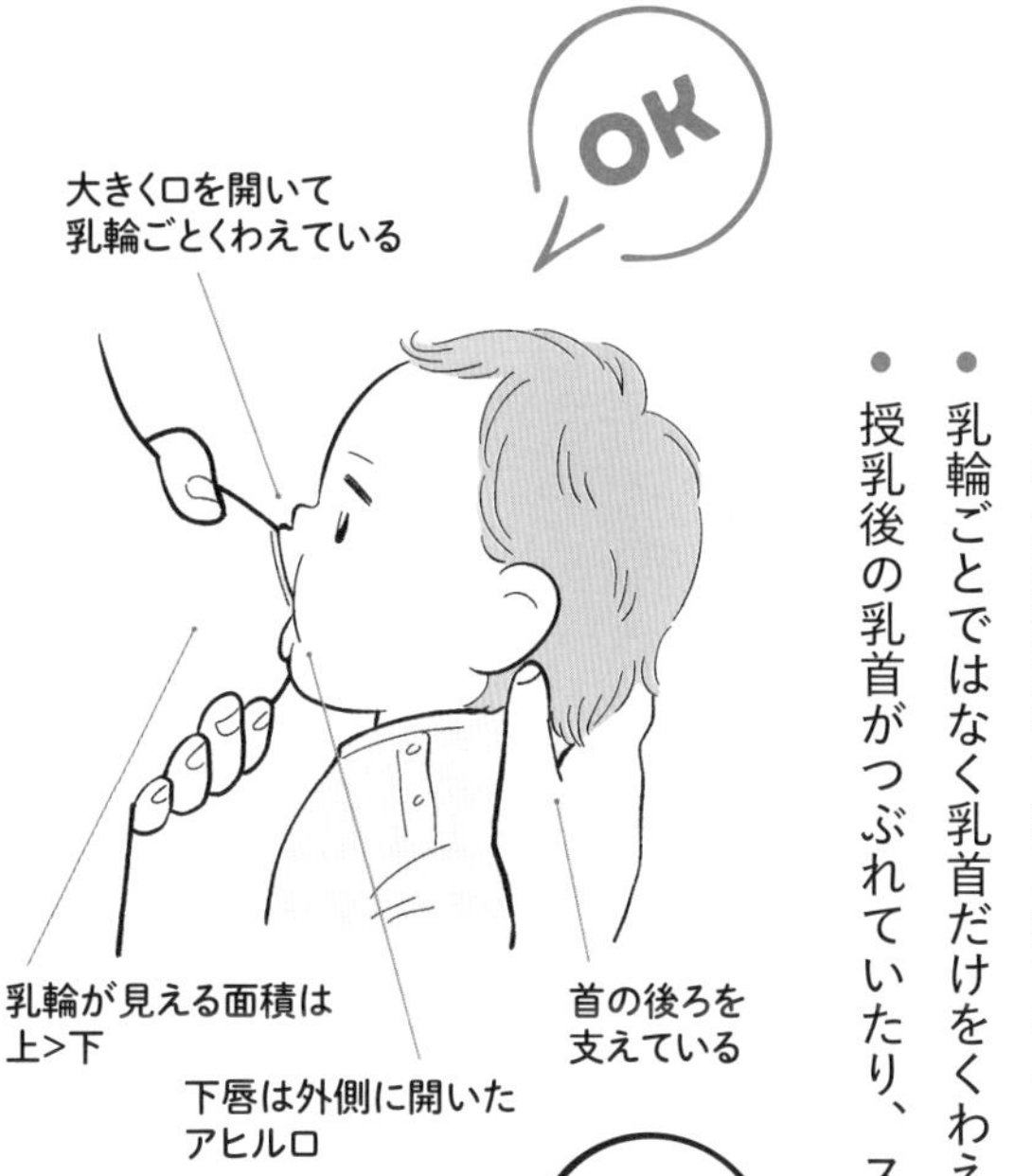

## ✼ 赤ちゃんの口からおっぱいを無理に抜かないで

乳首のくわえ方が浅い時は、やり直しましょう。ただし無理に引っ張ると、乳首が切れることがあるので要注意！

乳首を抜く時は、赤ちゃんのお口の端からお母さんの指を第一関節くらいまで優しく入れ、吸っている力を弱めます。その指を入れたままそっと乳首を抜けば、乳首を傷めずに外すことができますよ。

また、授乳は赤ちゃんが自分でおっぱいから離れたり、飲まなくなったりするまで飲ませてあげるのが基本ですが、なかにはずっとおっぱいを離さない子もいます。

その場合は、お母さんがもういいかなと感じたら、この方法でおっぱいを外して終わりにしてもいいでしょう。

# 第2章

# 授乳期の赤ちゃんについて知ろう

子どもの一生の中で、いちばん大きく成長するのが赤ちゃん期です。生まれたばかりの頃は首も座らずふにゃふにゃだった赤ちゃんが、寝返りをして、お座りをして、ハイハイをして……。早いと1年後には歩いているわけです！　ごはんだって食べるようになります。これって、すごいことですよね。

このように急激な変化が短期間で次々と起こるので、授乳の生活も赤ちゃんの成長に合わせてどんどん変わっていきます。

そこで第2章では、授乳期の生活スタイルをイメージしやすいように、新生児期から2歳までの成長に伴う授乳の変化を見ていきましょう。

赤ちゃんのタイプ別授乳のコツや、赤ちゃんが母乳を欲しがっている時のサインなど、知っておくと役立つ情報もお話しします。

## 赤ちゃんの成長段階ごとの睡眠サイクルと授乳頻度

授乳の様子は赤ちゃんの成長段階によって変わっていきます。個人差が大きいので、あくまで目安になりますが、睡眠のサイクルや授乳頻度をイメージする参考にしてみてくださいね。

### ✽ 授乳は1日8回以上を目指そう！（新生児期）

新生児期は母乳量を増やすためにも、1日8回以上の授乳を目指しましょう。夜は授乳間隔が4時間以上はあかないようにすること。1日10回以上授乳する子も珍しくありません。

お昼から夕方は、1〜2時間ごとに授乳となることもあります。授乳間隔がばらばらでも気にせず、赤ちゃんが欲しがるタイミングで欲しがるだけの量をあげてくださいね。

3人に1人の赤ちゃんは生後2〜3週頃に急成長期が訪れ、空腹で泣くことが増えるといわれています。急成長期が来たかもと感じたら、普段より多く授乳して母乳量を増やしていきましょう。

## ✼ 日中は起きていることが増えてくる（生後1〜2か月）

生後6週頃にも急成長期が来ることがあります。

成長するにつれて起きている時間が少しずつ増えてくるため、新生児期にくらべると、授乳してもそのまま寝なくなってきた、ベッドに置くと起きちゃう！　という赤ちゃんもいます。

赤ちゃんがいる生活に慣れてきた反面、お母さんの疲れが溜まってくる頃かもしれません。赤ちゃんのことがなによりも優先！ではなく、自分のことも大切にしてあげてくださいね。

## ✲ 変化が多い時期（生後3〜4か月）

なにかと変化を感じることが多いのがこの時期です。生後3か月頃に急成長期が来ることもあります。

口に入ってきたものを吸う反射がなくなってくるため、飲みながら笑ったり、授乳に集中しなくなったりと、遊び飲みが始まることも。母乳とミルクの混合の子は、おっぱいや哺乳瓶を突然拒否したりもします。

夜に長く寝るようになってきた子は、乳腺炎や体重増加不良に気をつけましょう。逆に、夜に起きる回数が増えたり、寝かしつけに時間がかかるようになる子もいますよ。

## ✼ 離乳食がスタート（生後5〜6か月）

夜間授乳の回数が減って長く寝るようになってきた子の場合、生後4〜5か月以降で体重の増え方が順調であれば、わざわざ起こしてまで授乳しなくても大丈夫です。

生後6か月をすぎると体が必要とする栄養が増えて、母乳だけでは鉄分やタンパク質が不足してくるので、離乳食をスタートさせましょう。

授乳で満足して食事が食べられないということを避けるために、離乳食➡授乳の順番であげるのが基本です。

ただし、始めたばかりのこの時期は、授乳を先にしたほうが食べてくれる子もいます。1回の食事量が多くない時期なので、赤ちゃんが食べやすい順番、機嫌のいいタイミングで与えましょう。なかなか食べない子は、母乳を混ぜてあげると食べることもありますよ。

## ✼ 離乳食にシフトしていく（生後7〜8か月）

離乳食では鉄分が多いものを積極的にとっていきましょう。食事の量を増やしていく時期なので、最初は授乳⬇離乳食の順番であげていた人も、授乳前に離乳食をあげるようにしていきます。

おっぱいを頻繁に飲んでいて離乳食をあまり食べてくれない場合、空腹になる時間を作るようにすると食べる量が増える子もいます。

逆に、空腹すぎるとおっぱいが飲みたい！　となって食卓に座っていられない子もいるので、離乳食前の授乳時間は、子どもの様子をみて調整するようにしてくださいね。

成長に伴って動きが活発になり、授乳中も動くようになる子がいます。授乳でトラブルがなければ、必ずしも新生児の頃のように大きい口でおっぱいをくわえさせたり、まっすぐな体勢で飲ませたりせず、赤ちゃんの飲みやすいスタイルに合わせて大丈夫ですよ。

また個人差はありますが、母乳は順調に出ていても、前ほど張らなくなったり、産後6～9か月頃にはおっぱいの大きさが小さくなってくることがあります。

これは、正常な変化なので心配しないでくださいね。

## ✻ 夜間断乳してもよい時期（生後9～11か月）

夜の授乳の回数は赤ちゃんによってかなり個人差があり、新生児と同じかそれ以上授乳をしている子もいます。成長が順調で離乳食も進み、夜の授乳がつらいようであれば、夜間断乳の選択もありますよ。

おっぱいが大好きな子もいれば、あまり執着しない子もいます。執着がないと「もういらないのかな?」と心配に思うかもしれませんが、促して飲むのであれば、それがその子のスタイルです。

ミルクを飲んでいない子の場合、1歳未満で卒乳する子は多くはないので、急に飲まなくなった場合はナーシング・ストライキの可能性を考えましょう。(121ページ参照)

## ✻ メインの栄養を食事からとれるようになる(1歳)

1歳おめでとうございます!

そしてお母さんも1年間よくがんばりましたね。

この頃になるとおっぱいをくわえながらいろいろな姿勢で飲んだり、飲みながら反対の乳首を手で触って遊んだりすることがあります。

1歳になると周りからそろそろ断乳したら、といわれることもあるかもしれませんが、お母さんが続けたいだけ続けていってくださいね。

## ✼ スキンシップのために飲む子が多い（2歳〜）

授乳の回数は個人差が大きく、1日1回だけの子もいれば、新生児くらい飲む子もいます。

2歳頃になると栄養補給のためというより、心の落ち着きや、おっぱいが大好きで授乳を好む場合が多いです。たとえ量が少なくても、スキンシップの1つとして続けていって大丈夫ですよ。


言葉が話せるようになると、母乳の味を教えてくれたり、おっぱい愛を伝えてくれる子もいておもしろいです。大きくなったからこそその授乳を楽しんでくださいね！

## 赤ちゃんのタイプ別授乳のコツ

赤ちゃんって、生まれた瞬間から個性があるって知っていますか？最初からおっぱいを飲むのが上手な子もいれば、ちょっとへたっぴな子もいます。赤ちゃんも一人ひとり、性格が違うんです。

今まで、助産師としてたくさんの赤ちゃんと接してきたのですが、以前、その体験をベースにして赤ちゃんをもつお母さん３９７７人にアンケートをとってみたところ、生後１週間までの赤ちゃんの約95％が５つのタイプのどれかに当てはまることがわかりました。

なかには、２つ以上のタイプをミックスした子もいます。いろいろな特性があることを知ると、ほかの子と比較せず、わが子に合った授乳で良いことがわかるでしょう。ぜひ参考にしてみてくださいね。

## 上手タイプ（35%）

- 比較的スムーズに口を開ける
- 1度吸い始めさえすれば、ちゃんと飲み続ける

## せっかちタイプ（23%）

- 乳首を近づけた瞬間、すぐに口をパクパクする
- 口を小さくしか開けず、なかなか大きく開けない

## マイペースタイプ（7%）

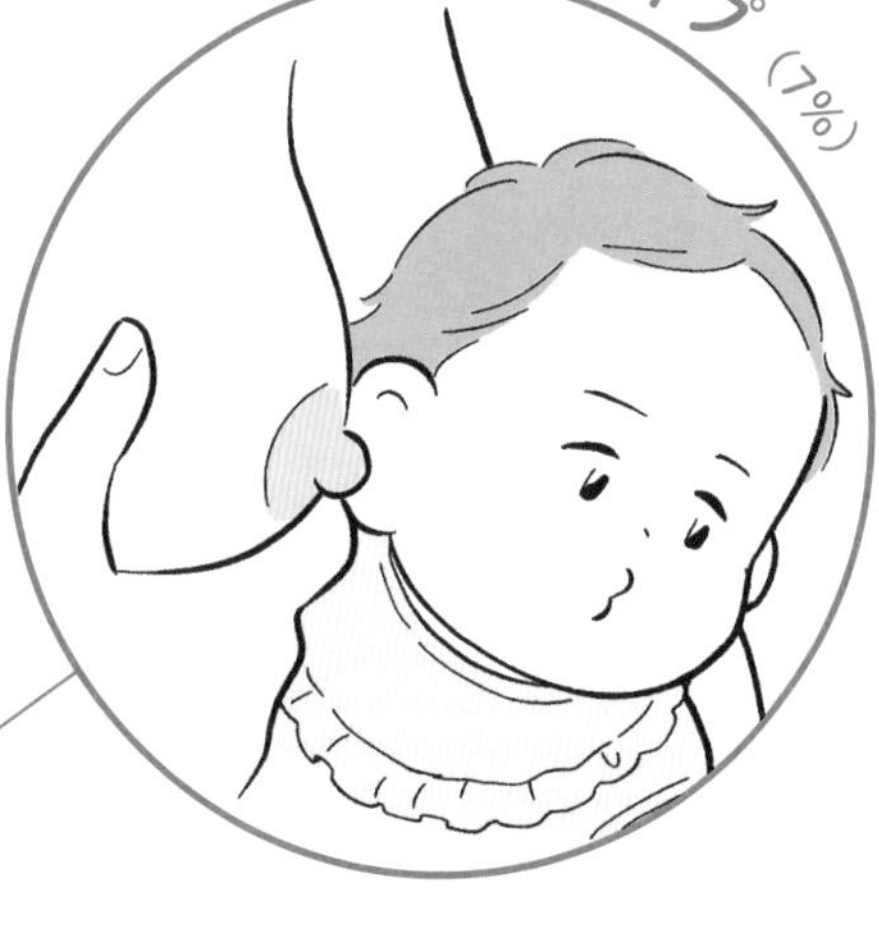

- 気分が乗れば飲むが、乗らないと吸うのを短時間でやめる
- 飲みムラがある

## 赤ちゃんの授乳タイプ

### 眠り優先タイプ（21%）

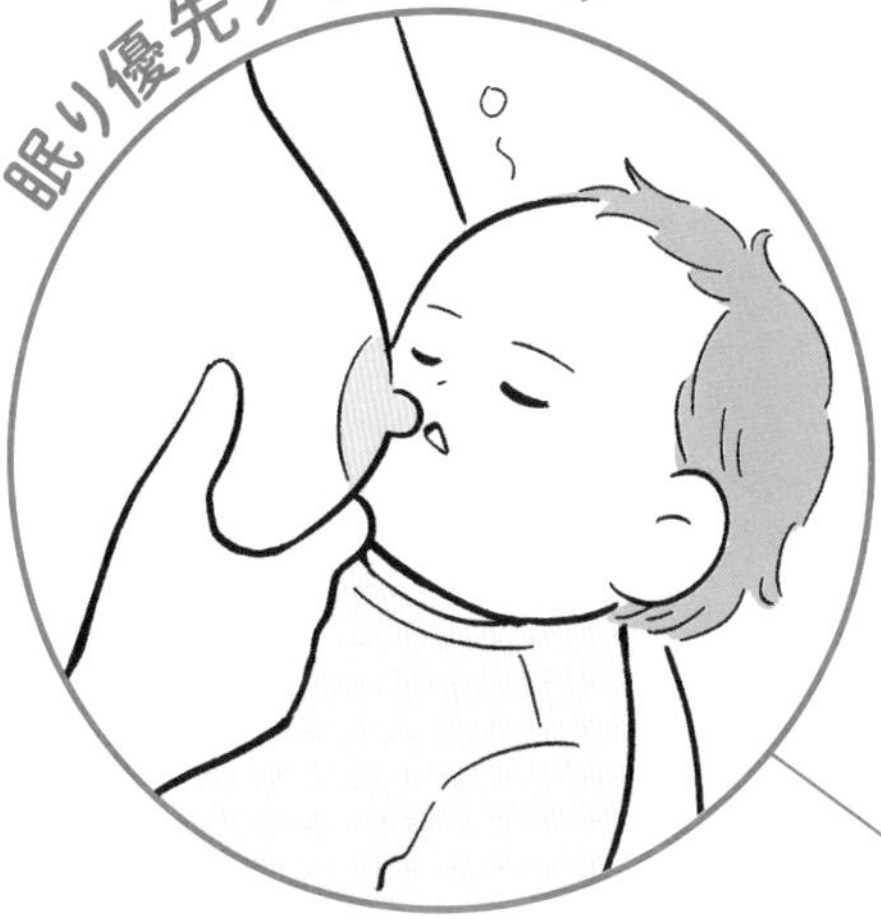

- 眠りがちであまり泣かない
- 食欲があまり感じられず、吸ってもすぐに疲れてしまう

### よく泣く・すぐ泣くタイプ（14%）

- うまくくわえられないと怒って泣く
- 1度泣くと、おっぱいをくわえさせようとしてもダメで、落ち着くまでに時間がかかることがある

## ✽ 上手タイプの注意点

母乳だけで育てている場合は、よく飲んでくれるので大きな問題が起こることは少ないです。よく吸ってくれる分、おっぱいを無理に離そうとするとおっぱいが引っぱられて傷つくことがあるので、優しく離すように気をつけましょう。

母乳とミルクの混合の場合、あげた分だけミルクをたくさん飲めてしまうので、授乳間隔があき、母乳の回数が減ってしまうことがあります。

母乳の量を増やしたい時は、授乳の回数が1日8回以上になるように、ミルクの量をコントロールしましょう。

## ✼ せっかちタイプの注意点

小さい口しか開けず、すぐに吸おうとするので浅吸いになりやすいのがせっかちタイプの特徴です。浅吸いだと乳首が切れてしまったり、母乳がうまく吸い出せずに量がなかなか増えていかなかったりすることがあります。

空腹感が強いほどすぐに吸おうとしやすくなるので、早めの授乳サインや眠りのレベル（69ページ参照）で授乳を始めるのがベストです。浅吸いで母乳がうまく吸い出せていない子は、ミルクが簡単に出てくる哺乳瓶を好むようになり、だんだんおっぱいを吸ってくれなくなることがあるので注意しましょう。

## ✼ マイペースタイプの注意点

気分によって飲んだり飲まなかったりするのがこのタイプです。授乳間隔が3時間以上あくこともあれば、少量しか飲まずにまたすぐ欲しがったりすることもあります。授乳時間や授乳間隔が不規則なのがこの子のスタイルなので、規則正しいリズムにこだわらず、赤ちゃんの気分に合わせて臨機応変に授乳をしていきましょう。

母乳とミルクの混合の場合は、おっぱいは短時間でやめてしまうのに、哺乳瓶だと飲んでくれることがあります。すると母乳を増やしたくても、ミルクの量がどんどん増えてしまうことがあるので、こまめにおっぱいを促すように意識しましょう。

ナーシングサプリメンター（97ページ参照）でおっぱいを吸ってもらう時間を増やすのもいいですよ。

## ✻ 眠り優先タイプの注意点

眠りがちな子はあまり泣かないため、1日の授乳回数が少なくなりがちです。早めの授乳サインや睡眠レベルで授乳をして、4時間以上あかないようにしましょう。3〜4時間たったら、寝ていたとしても優しく起こして授乳を促してくださいね。

赤ちゃんは生まれて3日目でもお母さんの匂いを識別できるほど、嗅覚が優れていて、お母さんのおっぱいや脇の匂いを好みます。

また、乳首にあるモントゴメリー腺から出る分泌物は赤ちゃんを授乳に誘う効果があるため、リクライニング授乳の体勢でお母さんの肌の上に抱き、そのままゆっくりと授乳に誘ってみるのもいいでしょう。

産後の母乳量が少ない時期は、くわえさせても吸い続けてくれないことがあるので、搾乳をして母乳量を増やしていってくださいね。

## ✼ よく泣く・すぐ泣くタイプの注意点

1度泣きだすと強く泣くため、舌が上がったりひっこんでしまったりして、おっぱいを口の中に入れても吸いついてもらえないことがあります。そのため、泣いてから授乳するのではなく、泣く前の落ち着いているタイミングで授乳を始めるのがコツです。うとうとしている時や寝起きに授乳するのもいいかもしれません。

泣いていても哺乳瓶だと飲むという子がいますが、これは口の中に乳首が入っている量の差によるのかもしれません。赤ちゃんは口の奥に乳首が届くと、吸う働きが起こりやすくなります。泣いている時は、赤ちゃんの舌の上に、乳輪ごと奥までたくさん含ませるように意識してくださいね。強く泣いている時は抱っこしてあやし、落ち着いてきたら再度仕切り直して授乳を再開しましょう。

Q

## 授乳のベストタイミングを知りたいです

A 泣き出す前の静かに起きている時に授乳するのがベストです。赤ちゃんがおっぱいを欲しがるサインを出しているので、見逃さないようにしましょう。また、赤ちゃんの眠りのレベルによって見極める方法もあります。

## 泣き出す前に授乳するのが正解！

多くの方は、「泣いたら授乳」をしているかと思いますが、実は泣き出す前のもう少し早いタイミングで授乳するのがおすすめです。

赤ちゃんが泣いていなければ、穏やかな気持ちで授乳できるのでお母さんの負担も少なく、赤ちゃんも母乳をしっかりと飲んでくれます。

よく見ると、赤ちゃんは泣く以外にもおっぱいを欲しがるサインを出してくれていますよ。

また、眠りのレベルによって授乳タイミングを見極める方法もあるので、どちらも知っておくと役立ちます。

## おっぱいを欲しがるサイン

- 手を口にもっていく
- おっぱいを吸うように口を動かす
- 声を出す
- 少しぐずぐずする様子が出始める

## 眠りのレベル

**レベル1**（深い睡眠）……起こそうとした時だけ、目が覚める。

**レベル2**（浅い睡眠）……刺激すると簡単に目覚めるが、授乳するほどではない。

**レベル3**（うとうとした状態）……刺激すると起きるが、また眠ってしまう。目をぼーっと開けていることもある。

**レベル4**（静かに起きている）……目は開いていて、ぐずったりせず穏やかな様子。ここが授乳のベストタイミング！

**レベル5**（活発に起きている）……刺激に対して敏感に反応する。ぐ

ぐずぐずしている場合は抱っこなどでなだめ、泣く前に授乳を始める

**レベル6**（泣いている）……抱っこなどでなだめてから授乳する。

睡眠レベル3〜5が授乳タイミングで、睡眠レベル4の静かに起きている時がベストのタイミングになります。

大泣きしていると舌が上がったりひっこんでしまったりしやすく、おっぱいを入れても舌の上に乗せることができません。また、授乳慣れしていないと飲ませるまでの準備に時間がかかるため、泣き始める前のほうが落ち着いて穏やかに授乳できます。

あまり泣かない子の場合は、泣くのを待つうちに授乳間隔があいて1日の授乳回数が少なくなってしまうことがあるので、泣き出す前の「おっぱいを欲しがる早めのサイン」を見つけてあげてくださいね。

# お父さんになった方にお願いしたいこと

お仕事と子育て、本当にお疲れ様です。赤ちゃんとの生活には、もう慣れましたか？　幸せや喜びを感じる一方で、時には負担に感じることもきっとあると思います。

今回は、少しだけ「母乳育児」についてお話させてください。

母乳って男性には出したくても出せないものなので、どんな感覚なんだろうと思いますよね。

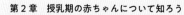

実は、母乳ってお母さんになったらすぐに出て当たり前、というわけではありません。

母乳は、お母さんの血液成分から作られているのですが、毎日何十回と赤ちゃんに与え続けることで、体がそれに少しずつ反応して作られるようになります。

これが、想像以上にお母さんの体に負担をかけます。なにせ、毎日数百mℓ～1ℓ近くを赤ちゃんに与えているので、エネルギーを吸われている感覚といえばわかりやすいかもしれません。お母さんの体はフル稼働で母乳を作っているんです。

なかには母乳が出なくて悩んだり、おっぱいが痛かったり、夜の授乳がつらかったりと、悩んでいる方もいるかもしれません。産後の万全ではない体力で、24時間体制で赤ちゃんのお世話をしながら授乳をするって、結構なハードワークなのです……。

そこでお父さんにお願いしたいのが、お母さんの話をしっかり聞いてあげて欲しいということ。

1日中赤ちゃんのお世話をしていると、社会から切り離されたような孤独感を感じる方も多くいらっしゃいます。自分を理解してくれる人に話を聞いてもらえるだけでも、心が落ち着くもの。正論のアドバイスよりも、共感や理解が欲しいのです。

仕事と違って誰かに評価されるわけではないのが子育て。24時間ずっと気が張っていたら、心身ともに疲れてしまいますよね。身近な人に「よくがんばっているね、ありがとう」と労ってもらえたら、きっと前向きにがんばっていこうと思えるはずです。

もし奥さまが悩んでいたら、ぜひ話を聞いてあげてください。そして赤ちゃんにとってさまざまなメリットがある母乳で育てていることを、ぜひ褒めて労ってあげてほしいなと思います。

子育てという経験を通して、すてきな夫婦関係を築いていってくださいね。

## 母乳育児で大変だったことを聞いてみました

### 母乳育児でつらかったことランキング

1. 詰まり・乳腺炎
2. 夜間授乳
3. 人に預けられない・代わってもらえない
4. 母乳が十分に出ない
5. 飲んでいる量がわからない

### おっぱいが出なくて悩んだ？ 出すぎて悩んだ？　とくに悩まなかった？

| | | | |
|---|---|---|---|
| 1 | 出なくて悩んだ | 2286票 | 50% |
| 2 | 出過ぎて悩んだ | 1376票 | 30% |
| 3 | とくに悩みなし | 916票 | 20% |

乳腺炎や夜間授乳は
とてもつらいよね。
半数の人が母乳が
出なくて悩んだみたい。

# 第3章

# 母乳育児にまつわるギモン

初めて子育てするお母さんの中には、〇時間ごとに授乳しよう！と計画を立ててやる方もいらっしゃいます。しかし本来、いつ飲むかは赤ちゃんが決めるものです。

産院で「3時間おきに授乳しましょう」と言われるのは、あくまでも目安。大人だって1度にたくさん食べる人もいれば、小食でちょこちょこ食べる人もいますよね。それと同じで、赤ちゃんにも個人差があるんですよ。

それに赤ちゃんって、実は母乳をものすごくたくさん飲んでいるんです。

赤ちゃんが飲む量を、60kgの大人の体重に置き換えてみると、なんと1日10ℓも飲むといわれています。1日10回飲むとすると、大人であれば1回で1ℓ相当！　赤ちゃんって、毎日がんばって飲んでくれているんだぁと感心してしまいます。

こう考えると、毎回きっちり同じ量を飲める子ばかりではないことが想像できるのではないでしょうか。「計画通りに飲んでくれない」と心配する必要はないことがわかりますね。

とはいえ、母乳は飲んでいる量がわからないため「足りているのか不安」という悩みをよく聞きます。

第3章では、こうした母乳育児をスタートするお母さんが悩みやすいことについてお話ししていきます。

## 母乳が足りているか不安です

**A** おしっこやうんちの状態、授乳の回数や時間、体重の増え方などを見て判断しましょう。

## 母乳不足が心配な時は何をチェックする？

母乳が足りているかを確認する方法で最もわかりやすいのは、体重が増えているかどうかのチェックです。母子手帳にある成長曲線に沿って、おおよそ増えていればオッケーですよ。ほかには、排泄や授乳の状況も目安になりますが、ミルクが必要かどうかの判断で迷ったら、専門家に相談してみてくださいね。

### おしっこ・うんちの回数と状態

- おしっこ：1日6回以上で、色は薄い
- うんち：1日3回以上（生後1か月以降は回数が減っていく）

## ✼ 授乳の状況

- 1日8回以上（生後8週以降は1日6回以上）
- 片側10～15分以上飲んでいるか（月齢が上がるにつれ、これより短時間でも十分飲める子もいます）
- 生後1か月までは、4時間以上あけずに夜間授乳ができているか
- 抱き方と吸わせ方は正しいか

## ✼ 体重の増え方

- 生後10日～2週間までに、生まれた体重に戻る
- 生まれた体重に戻ったあとは、1日約25～30gずつ増えている
- 生後2か月（1日30g）
- 生後3～4か月（1日約20g）

※日本小児医療保健協議会「母乳育児ハンドブック」参照

## 長く眠っている時は、起こして飲ませるべき？

母乳を増やしたい時期は、1日8回以上の授乳ができるように、赤ちゃんを起こして飲ませるのがベストです。

そうはいっても、お母さんが睡眠をとることは心と体の健康のために大切です。寝不足続きで体調が悪い時などは無理せず、体と相談して臨機応変にいきましょう。

赤ちゃんを起こす時は、次の方法を試してみてくださいね。

### ❇ 赤ちゃんの上手な起こし方

- 声をかける
- 服を脱がせる

- 背中、腕、足をマッサージする
- 体を起こした体勢にする
- お母さんとスキンシップをとる

赤ちゃんを抱っこして体重を量り、そこから自分の体重を引けば、お家でも赤ちゃんのおおよその体重を知ることができます。増え方が緩やかだなと感じたら、授乳中の姿勢や抱っこの仕方を見直し、授乳回数を増やしてみましょう。授乳後にさらに搾乳をして飲ませるのもいいですよ。

それでも増えない場合は、専門家に相談することをおすすめします。

## 陥没や扁平乳頭でも母乳育児はできますか?

A 最初は吸わせることが難しいこともありますが、陥没や扁平でも母乳で育てている人はたくさんいます。大きい口で乳輪ごとくわえてもらうのがコツですよ。

## 吸いづらい乳頭の人は試してみて！

おっぱいが張ると乳輪まで張ってしまい、くわえにくくなることがあります。授乳前にリバース・プレッシャー・ソフトニング（RPS）というマッサージをすると、乳輪が柔らかくなり深くくわえやすくなるので、試してみてくださいね。

### ❇ 乳輪の張りをとるマッサージ（RPS）のやり方

①乳首の付け根から2・5〜5㎝の範囲（主に乳輪）に指を置き、痛みがない程度に、ゆっくりと自分の体側に向かって垂直に押す
②押したまま1〜3分間圧をかけたあと、指を離す。張りやむくみの程度に合わせて、位置を変えながら数回行う

市販のシリンジを使い、乳首の長さを出すことで、くわえやすくする方法もあります。

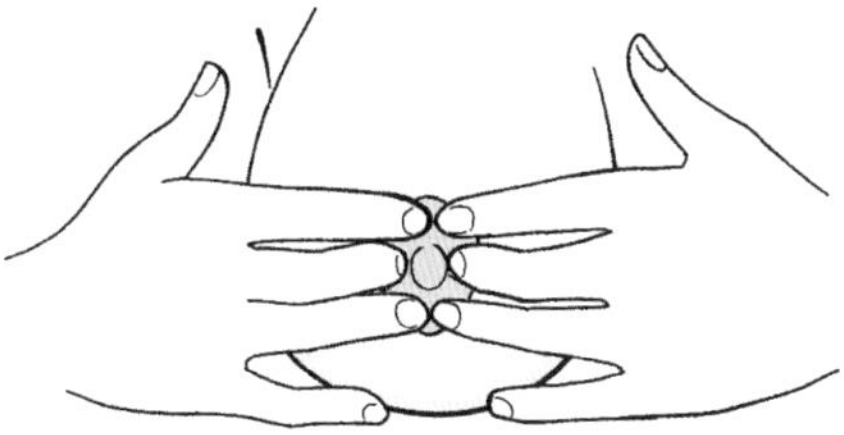

乳首の付け根から2.5～5cmの範囲を、
体側にゆっくり垂直に押す

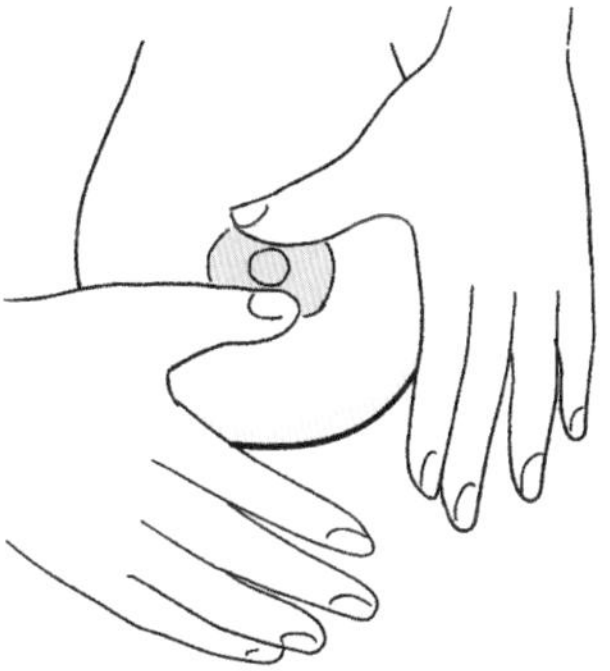

押したまま1～3分間圧をかけた後に指を離す。
位置を変えて数回行う

## ✻ シリンジで乳頭を引き出す方法

①内筒をシリンジから外して
シリンジの先をカッターで切る
②シリンジを切った側から内筒を入れる
③乳首に当ててゆっくり引く
④痛くない程度のところまで引き、
30秒〜1分程度キープする

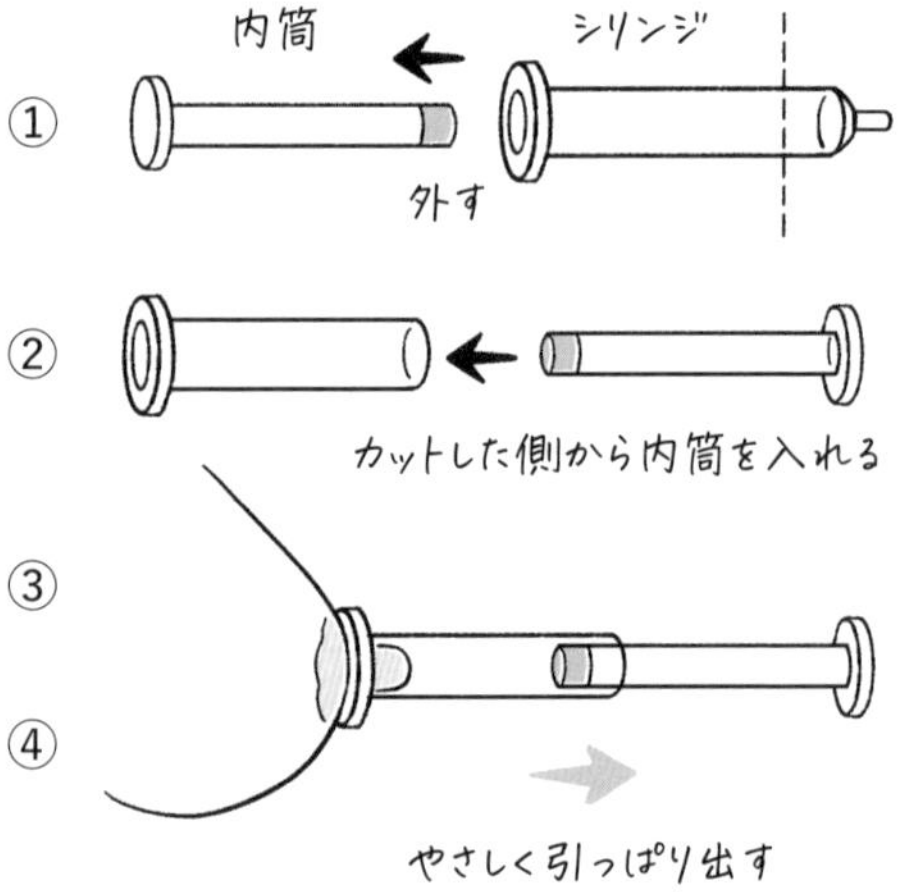


※牧野すみれ著「ちょっと理系な育児」参照

## ✻ 母乳量が少ない時は……

くわえさせても母乳があまり出ないことで口を外してしまう子の場合、「吸ったら飲める」という状況にすることで、吸い続けてくれるようになることがあります。

搾乳をして母乳量を増やしたり、ナーシングサプリメンターを使ったりするのもアリですよ。

## ✲ 乳頭保護器を使うコツ

乳頭保護器を使う方法もあります。

上手に装着するコツは、ふちから3分の1を裏返しにめくった状態でおっぱいにくっつけてから、密着させること。

少し搾乳をして、母乳を乳輪に塗ってから着けるととれにくくなりますよ。乳首と保護器の間に、少し隙間ができるくらいが合っているサイズです。

ただし、保護器での授乳は「吸っているように見えていたけど、実は母乳があまり飲めていなかった」「母乳量が増えない、減ってしまった」ということがあり、使い方には注意が必要になります。

こうなる理由は、保護器を使うことで乳首への刺激が減ってしまったり、乳輪が吸えていなかったりすることがあるからです。なるべく刺激が伝わるように、薄いシリコン製のものを使いましょう。

乳首だけ吸っても、母乳はうまく出ません。保護器を使う時は、搾乳などで母乳量をある程度増やして使うこと、大きい口で乳輪までくわえさせること、この2つがいちばん重要なポイントです。ちゃんと母乳が飲めて体重が増えているか、確認しながら使っていくと安心です。必要に応じて、母乳量を増やす工夫も併用していきましょう。

また、直接おっぱいを飲む練習もしていくことが大事です。

「ずっと保護器を使わないといけないの？」と心配するお母さんがい

ますが、赤ちゃんが成長して口が大きくなったり、保護器で吸ってもらったりして乳首が伸びやすくなってくると、保護器なしでも飲めるようになりますよ。

保護器を使っていたお母さんたちが、「こうしたら飲めた！」という方法があるので、最後にご紹介します。

- 授乳のたびに、まずは保護器なしでやってみる
- 赤ちゃんが泣く前に授乳を始める
- 保護器で授乳した後すぐ、乳首を直接くわえさせてみる

ぜひ試してみてくださいね。

## 授乳タイプと「完母」になった時期を聞いてみました

授乳を卒業したお母さんへ
**最終的に完母？　混合？　完ミ？（選択）**

| | | | |
|---|---|---|---|
| 1 | 完母 | 2859票 | 59% |
| 2 | 混合 | 1378票 | 28% |
| 3 | 完ミ | 650票 | 13% |

完母のお母さんへ
**完母になったのいつ？（選択）**

| | | | |
|---|---|---|---|
| 1 | 生後0か月 | 2135票 | 50% |
| 2 | 生後1か月 | 793票 | 19% |
| 3 | 生後2か月 | 533票 | 12% |
| 4 | 生後3か月以降 | 787票 | 19% |

混合やミルクで
育てた人は約4割。
完母になった時期は
人それぞれ違うね。

# 第4章

# 混合育児でも心配しないで!

本書ではわかりやすさを優先して、「完母」という言葉を使っていますが、私は「完全母乳」という言葉があまり好きではありません。なぜなら、母乳だけで育てていないことは不完全であるかのようなネガティブなイメージに繋がるような気がするからです。

1回でも、1滴でも母乳をあげることができたら、あなたは「母乳育児を経験できたお母さん」です。大切なのは母乳をあげた量や期間ではないと、私は考えています。

この章を読んでくださったお母さんの中には、もしかしたら「混合」で育てていることを悲しく思っていたり、希望していたよりも早くおっぱいを卒業する日が来て、戸惑っている方もいるかもしれません。
自分の母乳育児に対してネガティブな気持ちになっている時は、できなかったことよりも、できたことに目を向けてみて欲しいなと思います。

1滴でも立派な母乳育児。

「完母になれなかった」ではなく、

「母乳育児を経験できた！」

「お母さんになれた人生でよかった」

「母乳をあげることができてよかった」

と、できたことに感謝をしてみてくださいね。


そして、将来「あなたが母乳を飲んでくれて嬉しかった」とお子さんに思い出話をしてあげるのもいいかもしれません。母乳を飲んだ量や期間に関係なく、この経験をふたりの宝物にすることもできますよ。

第4章では、ミルクと母乳の「混合」で子育てをするお母さんたちによく起こりがちな、母乳不足になる理由とその解決策をお伝えします。

## 混合育児なのですが、母乳が思うように出ません

母乳不足の原因は、大きく分けると3つあります。

一つ目は、抱っこの仕方やくわえさせ方が悪く、赤ちゃんがうまく飲めていないために量が増えないパターンです。母乳をうまく吸い出せないため、結果として母乳が溜まりがちになり量が増えません。「頻回授乳をしているのに増えない！」という方はこれが原因かも!?

二つ目は、授乳回数がそもそも少ないことが原因です。母乳を飲ませる機会が少ないと、母乳量が増えません。

三つ目は、必要な量の母乳をあげられているのに、お母さんが「足りていないのでは？」と心配して、ミルクを足してしまっているパターンです。

ミルクでお腹がいっぱいになりすぎると、授乳間隔があいて母乳を飲む回数が減ってしまうため、本来足りていたのに母乳不足に移行してしまうことがあります。

こうした母乳不足の解決策として、次のことを試してみてください。

## ✻ 母乳不足を防ぐ解決策

- 抱き方、くわえさせ方を見直す
- 授乳回数と授乳時間を増やす（1日8～12回が目安）
- 授乳のあとに搾乳をする
- ナーシングサプリメンターを使う

授乳後に搾乳をするといい理由は、しっかり飲んでくれたとしても、おっぱいの中には約2割の母乳が残るからです。

授乳後の搾乳を続けた結果、2週間後に母乳が1日あたり124㎖増えたという報告も実際にあるので、大変だとは思いますが授乳後は搾乳をしておっぱいをさらに空に近い状態にするといいですよ。

私の場合は毎回は難しくても、1日に3回くらいは授乳の後に搾乳をして、ミルクの代わりに飲ませていました。

初めて耳にする人がほとんどだと思いますが、ナーシングサプリメンターも便利です。

これは、おっぱいにつけたチューブを通してボトルに入った母乳やミルクを飲むことができる道具で、おっぱいを赤ちゃんに吸ってもらいながら、ミルクや搾乳した母乳を哺乳瓶なしで同時にあげることができます。

おっぱいを吸う時間が増えることによって母乳量も増える効果があり、哺乳瓶を使わないので乳頭混乱を防げるのも利点です。
母乳量が少なく、おっぱい拒否になってきてしまった子に有効なこともありますよ。

ナーシングサプリメンターは、慣れやコツが必要なので、使い方についても具体的に載せておきます。参考にしてみてください。

## ✽ ナーシングサプリメンターの使い方

- ボトルに搾乳した母乳やミルクを入れて、チューブの先まで満たす
- ボトルについている紐をネックレスのように首にかける
- チューブの先が乳首にくるようテープで貼る
- 赤ちゃんがおっぱいをくわえた時に、チューブが口の端か上唇の真ん中にくるようにする

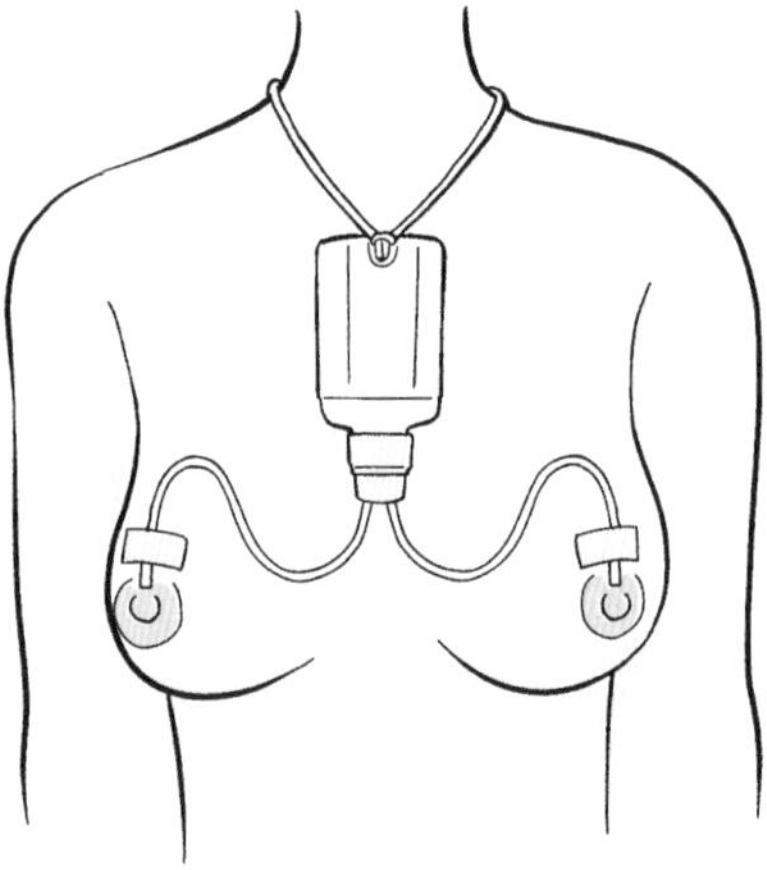

ナーシングサプリメンターを装着した姿

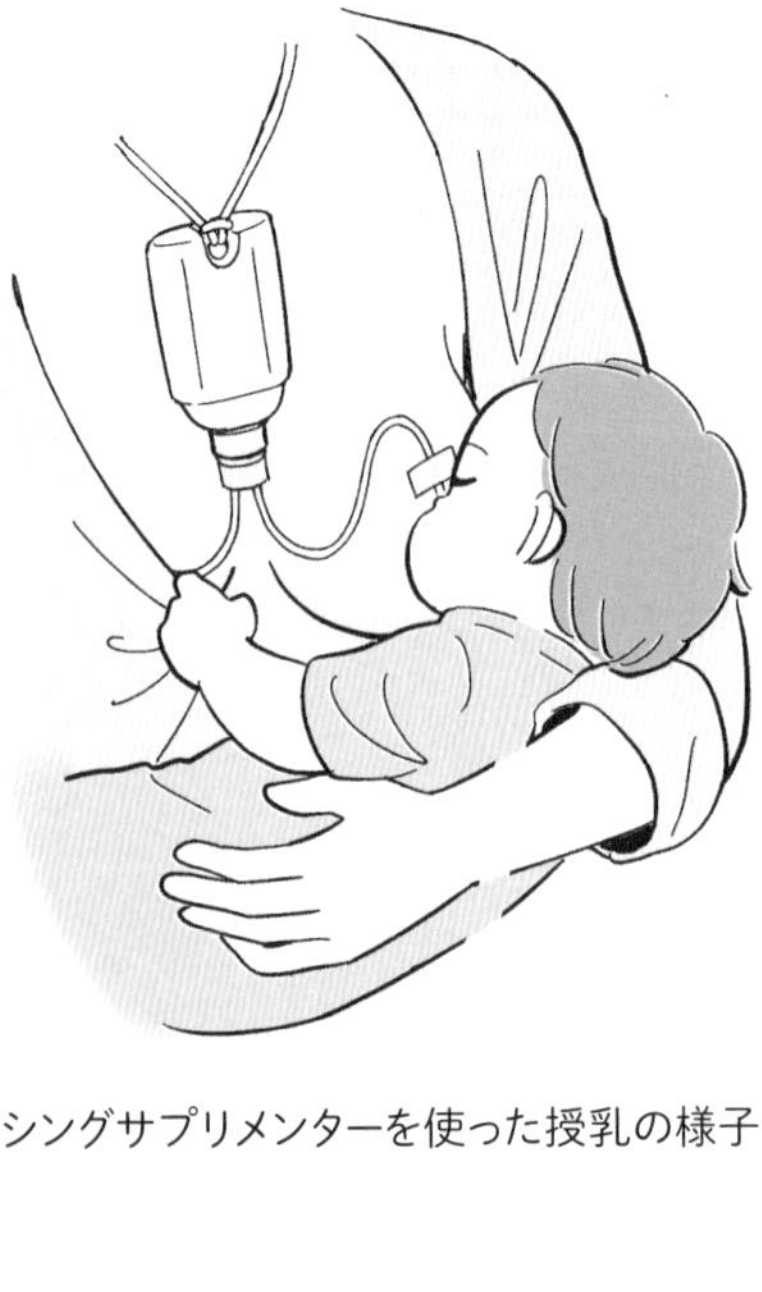

ナーシングサプリメンターを使った授乳の様子

赤ちゃんがおっぱいをくわえる時にチューブが口に当たって、うまく入らなかったり、チューブの位置がずれてしまったりすることがあるので、その場合は口を外して、もう一度くわえさせ直してください。

飲んでいるように見えても、ボトル内の量が減らず、うまく流れていない感じがする時は、チューブが赤ちゃんの口の中にうまく入っていない可能性があります。唇と歯茎の間にチューブの先が入ってしまっていることもあるので、確認してみてくださいね。

吸う力が弱い子の場合、ボトルの位置を高くしたり、ボトルを軽く押して流れを助けてあげたりするといいですよ。

市販品を使わずに、コップとチューブで代用することもできますが、ボトルを押して流れを助けることは市販品でしかできません。また、コップを倒さないよう置き場所に配慮する必要もあります。

そのため、吸う力が弱くてすぐに疲れてしまう子や、授乳に慣れていないお母さんは市販品のほうがおすすめです。

ナーシングサプリメンターの使い方にはちょっとしたコツと慣れが

必要ですが、準備さえしてしまえばおっぱいを飲ませるだけですべて完了するので、おっぱい後に哺乳瓶であげるよりもラクというお母さんもいますよ。

乳頭混乱を防ぎつつ、母乳を増やしたい方は検討してみてくださいね。

## Q

## ミルクを足す量、
## 減らし方がわかりません

**A** 母乳の量を増やすには、1日8回以上授乳できるように、1回のミルクの量を調整しましょう。授乳間隔があいてしまう場合は、1日のミルク量を均等に分けずに、1日2～3回にまとめてみてください。

## ミルクの上手な減らし方とは？

体重の増え方が順調であれば、まずは1日あたりミルク50㎖を減らして、おっぱいを飲む回数を増やしてみましょう。

たとえば、1回50㎖のミルクを1日5回足していた場合、1回分をなくすのではなく、1回量を40㎖にして1日のトータル量を合計50㎖減らすのがポイントです。

ミルクを減らしたあとも体重が順調に増えていくことが確認できたら、さらに50㎖を減らすということを繰り返していきます。

## ✻ 体重が増えない時にやること

ミルクを減らしてみたものの、体重の増え方が少なくなってしまったという場合は、次のことを試してください。

①授乳回数を増やす
②抱き方やくわえさせ方を見直す
③授乳後に搾乳して飲ませる

それでも増えない場合は、ミルクの量を元に戻してから、①〜③を繰り返して様子を見ます。

以前、アンケートで1924名のお母さんたちに、混合から母乳だけになった時期を聞いてみたところ、次のような結果になりました。

つまり、２割の人は生後４か月以降に母乳だけになっていることがわかります。焦らずゆっくり進めてくださいね。

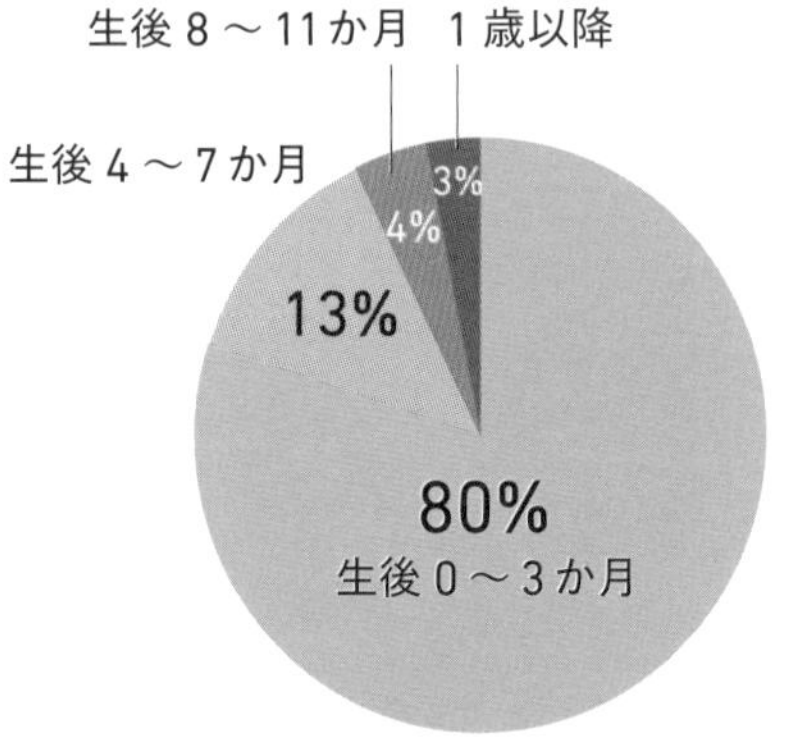

混合から母乳だけになった時期

## Q 哺乳瓶からしか飲まなくなってしまいました

A 哺乳瓶を好んでおっぱいを拒否することを、「乳頭混乱」と呼びます。哺乳瓶をやめてスプーンやコップで授乳したり、ナーシングサプリメンターを活用したりするなど、哺乳瓶での授乳以外の方法を試してみてください。

## おっぱい拒否はなぜ起こる？

　哺乳瓶はくわえて吸った瞬間にミルクがたくさん出てきますが、乳首を吸ってもおっぱいはすぐには出てこないという違いがあります。そのため哺乳瓶に慣れた赤ちゃんは、乳首をくわえても「ごはんが出てこないよ〜、変だよ〜」と感じて、吸わなくなってしまうのかもしれません。

　他にも、哺乳瓶と乳首ではお母さんと赤ちゃんの体の密着感や抱かれ方など、さまざまな違いがあるため、乳首を拒否する様子がある場合は、哺乳瓶をやめることが解決に繋がることがあります。

　哺乳瓶の代わりにスプーンやコップで飲ませるようにする、ナーシングサプリメンターを使う、などを検討してみてくださいね。

コップ授乳（カップ授乳）は、清潔な哺乳瓶がなく母乳が出ないといった災害時などでも役立つため、知っておくといいでしょう。新生児からでも可能です。

### ✼ 緊急時にも役立つコップ授乳のやり方

①赤ちゃんを直立に近いかたちに立てて抱っこします。
②下唇の上に軽くコップが触れるように乗せます。
③コップの中のミルクや母乳が、赤ちゃんの上唇に触れて濡れるようにして、カップをその位置で固定し、赤ちゃんが自分から飲めるようにします。

中身を口の中にそそぐのではなく、中身が上唇に触れた状態でストップして、唇に触れたものを舌でなめたり、吸うようにしたりして飲ませます。飲まない時は、2～3滴口の中に流してみてください。

上手に飲めていても多少こぼすのが普通なので、衣類を汚さないように顎の下にタオルを挟んでおくと安心です。

コップ授乳は哺乳瓶で飲ませる時よりも時間がかかるものです。30分くらいかかることもあると思って、ゆっくり飲ませていきましょう。

# 第5章

# おっぱいのギモン1問1答

わが家に来てくれた赤ちゃんとの新生活、いかがでしょうか？

私がお母さんたちからよく聞く言葉のひとつに

「こんなに大変だとは思わなかった！（笑）」


というものがあります。赤ちゃんは成長が早いので、お父さんもお母さんも赤ちゃんの急激な変化についていくのが大変です。

そんな忙しい毎日の中で子育ての心配事が出てくると、インターネットやSNSで調べてみる方は多いと思います。

ところが、それらには医学的根拠のない誤った情報も多く、その情報に振り回されて疲弊したり、戸惑う方が多くいらっしゃるのも事実です。


そこで第5章では、聞かれることの多い母乳育児の疑問や悩みに一問一答形式でお答えします。気になるところから読んでみてください。

## Q1 妊娠中に乳首マッサージをやっておいたほうがいい？

**A1** 必要ありません。マッサージ自体に母乳率を上げる効果はなく、WHOも不要としています。授乳していくことで、柔らかく伸びやすい乳首になっていくので、妊娠中ではなく産後が大切です。

## Q2 授乳すると気分が悪くなります

**A2** ディーマー（不快性射乳反射）かもしれません。射乳反射（母乳がたくさん押し出される反射）が起こる直前に突然気分が悪くなり、それが数分続くもので、授乳中のホルモンの変化が原因と考えられています。授乳中はスマホやテレビで気を紛らわせて乗り切ったというお母さんもいます。うまく付き合う方法を探してみましょう。

## Q3 乳首が切れちゃった！　どうすればいい？

**A3** 授乳の抱き方とくわえさせ方を見直しましょう。痛みで授乳できない時は、搾乳して母乳量が減らない工夫を。母乳には皮膚の細胞の成長や傷を治すことを促す生きた細胞が含まれているので、傷に母乳を塗るのもいいですよ。

## Q4 乳首を噛まれて痛いです

**A4** 母乳をよく飲んでいる時は舌が歯茎より先に伸びていますが、歯茎より後ろに引っこむと噛まれてしまいます。集中して飲むのが終わり、舌が引っこんだら早めに離してみてください。噛まれそうになったら、引き離そうとするより胸にぐっと近づけると防げます。ストローを噛む子はコップ飲みにすると噛まなくなることもあります。

## Q5 乳首の先に白いものができました（白斑）

**A5**

痛みがなく、母乳の出口がふさがっていなければそのままで大丈夫です。痛みがある時は、乳首を温めたり深くくわえさせたりすると和らぐことがあります。また、オリーブオイルを浸したコットンで皮膚を柔らかくし、白斑で厚くなっている皮膚をはがす方法もあります。針で刺すのは、感染をおこす可能性があるのでおすすめしません。

## Q6 帝王切開の予定です。気をつけることはある？

**A6**

母乳の出始めが遅くなることがあるため、出産後はなるべく早くから授乳または搾乳を頻回に始めることが大切です。ただし、体調が優先です。焦らずできる範囲でやっていきましょうね。

## Q7 帝王切開の傷が痛い時はどうすればいい?

**A7** 添い乳、フットボール抱きなどで傷に当たらないようにしてみてください。また、リクライニング授乳で赤ちゃんと自分の体重をすべて背もたれに乗せたり、高さがある授乳クッションを使って傷を守るようにするのもいいですよ。

## Q8 授乳中に食べたほうがいいものは?

**A8** 授乳中は1日に通常より350キロカロリー多めにとることが必要とされ、ビタミンの一部や鉄分などの栄養も多く必要ですが、特定の食事が母乳によいということはありません。お母さんが健康に過ごせる、偏りのない食事をしましょう。

## Q9 母乳が出すぎて困っています（母乳過多）

**A9** 時間を決め片側ずつの授乳にすることで、長く母乳を溜めて量を減らす方法があります。授乳は3時間ごとと決めたら、まずは右だけ、次は左というように交互にしていきます。3時間あかずに欲しがる時は、前回授乳した方で授乳してみてください。数日たってもまだ多い場合は、溜める時間を徐々にのばしていきましょう。

## Q10 おっぱいにしこりがあります。このままで大丈夫？

**A10** 母乳が溜まってしこりができることもありますが、乳がんの場合もあります。私は、専門の医師に聞いた「小さくならないしこりが、1か月続いたら受診」を目安に乳腺科へ行くことをおすすめしています。

## Q11 遊び飲みをするようになりました

**A11** テレビを消す、おもちゃが見えないようにする、ほかの家族がいないところで授乳するなど、気が散りにくいように工夫してみましょう。短時間で飲むのをやめてしまう場合は、回数を増やして補うのもありです。寝起きやウトウトしている時だと、よく飲んでくれる子もいますよ。

## Q12 授乳中に薬を飲んでも大丈夫?

**A12** 授乳中でも飲める薬はたくさんあります。また、麻酔を使った歯科治療も可能です。病院で相談、または国立成育医療研究センターの「授乳と薬について知りたい方へ」というサイトを参考にしてみてください。

Q13

## ミルクのほうが腹持ちがいいからよく眠る？

A13

ミルクよりも母乳のほうが消化は早いですが、ミルクのほうがよく眠るとはかぎりません。母乳でも日中だけで必要な栄養がとれ、自力で眠る力が身につけば、夜泣きが減って夜通し眠れるようになります。よく眠ることを期待してミルクにする必要はないでしょう。

Q14

## フォローアップミルクは飲ませたほうがいいの？

A14

新生児から飲めるミルクが「母乳の代わり」の製品であるのに対して、フォローアップミルクは「牛乳の代わり」という位置づけの製品です。体重や栄養に問題がなければ、あげる必要はありません。

## Q15 夜に母乳を飲んでいると虫歯になる？

**A15** 母乳中に含まれる乳糖は、虫歯の原因にはなりません。ただし、砂糖などを含む食べ物のカスが残った状態で母乳を飲むと虫歯になることがあるため、寝る前にしっかりと歯磨きをしてあげましょう。砂糖のお菓子を控え、虫歯予防にフッ素を利用するのもいいですよ。

## Q16 授乳中にカフェインをとってもいいの？

**A16** お母さんがカフェインをたくさんとると、赤ちゃんが興奮したり眠りにくくなることがありますが、1日あたり200～300㎎、珈琲2～3杯ならば許容範囲です。ただし、新生児はカフェインの半減期が長いため1杯で様子を見てみましょう。チョコレートやココア、栄養ドリンクなどにも入っているので要注意です。

## Q17 授乳中の飲酒は避けるべき?

**A17** 飲まない方がいいですが、米国保健福祉省では1日の摂取量として、お母さんの体重1kgあたり0・5gのアルコールならば影響ないとしています。体重50kgのお母さんなら350mlの缶ビール1缶や、ワインをグラス1杯ほどなら許容範囲です。アルコールの半減期は30分のため、飲酒後は2時間半あけて授乳しましょう。ただし、新生児は代謝が未熟で影響を受けやすいため、避けたほうが安心です。

## Q18 たばこをやめられません。授乳はしないほうがいい?

**A18** たばこは母乳量を減らし、赤ちゃんの呼吸器の感染症や乳幼児突然死症候群のリスクを高めます。しかし、受動喫煙にさらされながらミルクで育つより、母乳で育つほうが子どもの体にいいことがわかっています。母乳で育てながら、本数を減らしたり室内で吸わないなど、できることをしていきましょう。

Q19 **妊活したいなら断乳するべき？**

A19 授乳の回数が多いほど排卵は起こりにくくなり、回数が減ると再開しやすくなります。断乳ではなく、授乳の回数を減らすところから始めてみてもいいかもしれません。

Q20 **妊娠したら断乳しなきゃだめ？**

A20 妊娠が順調な場合は、授乳が流産・早産の原因になるという根拠はなく、授乳を続けることができます。ただし、切迫早産や前置胎盤、お腹が痛く出血があるなど異常がある場合は避けましょう。

## Q21 生理が始まったら母乳が減った気がします

**A21** 排卵日の前や、生理が始まって1～2日はホルモンバランスの変化で、一時的に母乳の状態が変わる方もいます。もし母乳が減った感じがした時は、授乳の回数を増やして補いましょう。

## Q22 ある日突然おっぱいを飲まなくなってしまった!

**A22** まだ母乳の栄養が必要な時期で、順調に授乳をしていたのに突然飲まなくなった場合は、卒乳ではなく一時的なナーシング・ストライキかもしれません。母乳量が減らないよう搾乳をしつつ、スキンシップを増やしてさまざまなタイミングで授乳に誘ってみましょう。眠い時や、歩きながらだと飲んだという子もいますよ。

## おっぱいトラブルについて聞いてみました

### 乳腺炎になったことある？（選択）

| | | | |
|---|---|---|---|
| 1 | ある | 2202票 | 44% |
| 2 | ない | 2790票 | 56% |

### 乳首を噛まれたことある？（選択）

| | | | |
|---|---|---|---|
| 1 | ある | 3880票 | 75% |
| 2 | ない | 1290票 | 25% |

自己判断を含み
約半数が乳腺炎を経験。
乳首を噛まれたことが
ある人はなんと75%！

# 第6章

# 乳腺炎を予防しよう

授乳期間中に、乳腺が炎症を起こす乳腺炎を発症する方は珍しくなく、2〜33%の人がなるとされています。つまり多いと3〜4人に1人がなる、授乳中のお母さんにとって身近な病気なんです。

乳腺炎になるとおっぱいの一部分が張って皮膚が赤くなり、熱をもち、痛くなります。さらに発熱、だるい、関節痛といった風邪のような症状が出たり、膿みが溜まってしまうことも。日頃から予防することが大切です。

こうした誰もが発症する可能性のある乳腺炎ですが、特定の食べ物が原因で乳腺炎になるなどといった、科学的根拠がない情報がインターネット上で散見されるのが現状です。

第6章では、乳腺炎に悩む方が少しでも減るように、正しい予防法と対処法についてお伝えしたいと思います。

## 乳腺炎にはなぜなるの？

乳腺炎には、母乳が溜まっておきるもの（うっ滞性乳腺炎）と、感染によるもの（感染性乳腺炎）の２種類があり、次のことが要因とされています。

- 乳首の傷
- 白斑ができたり、乳管が詰まったりしている
- 授乳間隔があいたり、夜間授乳の回数が減った
- 授乳は必ず○時間おき、片側○分などと制限している
- 母乳がうまく吸い出せていない
- 母乳量が多い（母乳過多）
- おっぱいが圧迫されている

- お母さんや赤ちゃんの病気
- お母さんの疲れやストレス

ストレスがあると母乳を作るプロラクチンは増えるのですが、母乳を体の外に押し出すオキシトシンが低下するため、溜まりやすくなります。

疲れやストレスを溜めないことも、乳腺炎を予防するには大切です。

## 脂肪分が多い食べ物は
## おっぱいが詰まりやすくなる?

**A** いいえ、そんなことはありません。和食が乳腺炎予防にいいという話も間違いです。好きな物を食べて大丈夫ですよ。

## 脂肪分の多い食べ物で乳腺炎になるわけではない

お菓子や洋食など脂肪分が多いものを食べると、おっぱいが詰まりやすくなるから、乳腺炎の予防には和食がいいという話をよく耳にしますが、これは間違いです。

### ✼ 母乳中の脂肪は乳管に比べて小さい

母乳中の脂肪は、直径0・002〜0・006㎜の脂肪球として存在しますが、母乳の通り道である乳頭に近い乳管は直径2㎜。脂肪球はかなり小さいので、詰まることは考えにくいことがわかります。

また、お母さんが食べたものがそのまま母乳になるわけではありません。脂肪分が多いものをたくさん食べたからといって、母乳中の脂肪の量はそもそも増えないんですよ。

特定の食べ物が乳腺炎のリスクになるという科学的根拠はありません。予防のために和食にしなくても大丈夫ですし、おやつに甘いものを食べてもいいんです。

食事制限でストレスを溜めることのほうがむしろマイナスです。我慢せず好きな物を食べて、ストレスフリーで授乳を楽しんでくださいね。

Q

## 乳腺炎を予防する方法は?

**A** 乳首の傷を防ぎ、母乳を溜めないよう気をつけましょう

乳腺炎になる主な原因は、母乳が溜まりっぱなしになることと、乳首の傷などから感染を起こしてしまうことです。

つまり、この2つを防ぐことが乳腺炎の予防になります。

### ❊ 日頃から気をつけよう！　乳腺炎予防のチェックリスト

- 授乳間隔や回数を制限しない
- 赤ちゃんが飲みやすい体勢をとる
- 大きな口でおっぱいをくわえさせる
- おっぱいを圧迫しない（きついブラジャーなどでおっぱいを強く押さえない）

### ❊ こんな時は乳腺炎になりやすい！　要注意チェックリスト

- 乳首に傷ができた

- 白斑や乳管の詰まりなどのトラブルがある
- 外出などで授乳間隔があいてしまった
- 夜間授乳の回数が急に減った
- 母乳量が多い（母乳過多）
- お母さんや赤ちゃんが病気になった
- 疲れやストレスがある

こうした乳腺炎になりやすい誘因や、しこり、痛みなど乳腺炎の徴候がある時は、体を休め、授乳回数を増やしたり、搾乳をするなどして母乳をできるだけ外に出しましょう。早めに対処するのが乳腺炎を予防するコツですよ。

Q

## 乳腺炎になったら、どうしたらいい？

A「体は休ませる。おっぱいには働いてもらう」が基本です。おっぱいの中の母乳を外にたくさん出すことが、いちばんの対処法になります。

## 乳腺炎は病気！
## 体を休ませることが肝心です

おっぱいのことで休むなんて気が引ける……と思っていませんか？でも、乳腺炎は立派な病気です。まずはしっかりと体を休めましょう。ただし、授乳は普段以上にしっかり行うこと。赤ちゃんにたくさん飲んでもらうことが、なによりの治療になるからです。

### ✻ 乳腺炎になったらする7つのこと

①授乳前に蒸しタオルでおっぱいを温めて、流れをよくする
（母乳の流れが悪くなる可能性があるため、授乳前には冷やさない）

②よい抱き方、くわえ方で授乳する

③乳腺炎側のおっぱいから授乳する
④乳腺炎側のおっぱいを飲まない場合は、反対側で授乳して飲み始めた（母乳を押し出すホルモンが分泌された）タイミングですぐに、乳腺炎側から飲ませてみる
⑤乳腺炎になっているところに赤ちゃんの下あごがくるようにする
⑥授乳中に詰まりのあるところから乳首に向かって、おっぱいを優しくマッサージ
⑦授乳時間や回数を決めず、できるだけたくさん飲んでもらう（赤ちゃんが飲まない場合は搾乳を）

痛みが和らぐようであれば、冷却ジェルシートなどをあてててもいいです。インターネット上で、キャベツを貼って冷やす方法が紹介されていることがありますが、リステリア菌の感染リスクがあるためおすすめしません。

痛みがあると、母乳がよく出る射乳反射が起きにくくなるので、授乳中でも使用でき、炎症の軽減効果もあるイブプロフェン（ブルフェン®）、ロキソプロフェン（ロキソニン®）などの鎮痛薬を飲むのも対処法のひとつです。

このように、痛みをコントロールしながら、母乳をできるだけ外に出しましょう。自分だけで対応するのが心配な時は、母乳外来や助産院に相談するのもいいと思います。

## ✻ 乳腺炎で病院に行くべき目安とは

乳腺炎が悪化して感染を起こした場合、抗菌薬を飲んだり、おっぱいの中に溜まった膿を切って出す処置をしたりしなければならなくなることがあります。

セルフケアで改善しない場合は、医師に診てもらいましょう。

次のような症状がある時は、病院で受診してくださいね。

## ✻ 乳腺炎で病院受診をする目安

- 症状が始まって12～24時間たってもよくならない
- 24時間以内でも、状態がどんどん悪化している
- 赤ちゃんが嫌がって飲んでくれない（母乳を外に出せない）

ただし病院によっては、乳腺炎を診てくれないところがあります。事前に乳腺外科や産婦人科に電話をして、乳腺炎を診てもらえるかどうかの確認をしてから受診すると安心です。

## 断乳・卒乳について聞いてみました

### いつ母乳育児が終わりになった？（選択）

| | | | |
|---|---|---|---|
| 1 | 0歳の時 | 1446票 | 36% |
| 2 | 1歳の時 | 2061票 | 51% |
| 3 | 2歳の時 | 388票 | 10% |
| 4 | 3歳以降 | 131票 | 3% |

### 断乳だった？　卒乳だった？（選択）

| | | | |
|---|---|---|---|
| 1 | おっぱい拒否<br>または母乳が出なくてミルクにした | 711票 | 19% |
| 2 | 断乳 | 2130票 | 58% |
| 3 | 卒乳 | 826票 | 23% |

約10人に1人は、
2歳以降まで授乳をして
いるよ。終わる時期は
個人差が大きいね。

# 第7章

# 働きながら授乳を続けるコツ

仕事復帰をして保育園に預けるなら断乳するしかない、と思っている方は多いのですが、実は働きながらでも長く母乳育児をすることはできます。

わが家の長女の場合、保育園に通う日は朝と夜、休日は欲しがるだけ自由に授乳し、3歳で卒乳しました。

ワーママになっても授乳を続けたいと思ったら、まずは次のことを保育園に確認してみましょう。

多くの園では、「慣らし保育期間」というのがあって、初日は短い時間だけ預けて、赤ちゃんが園での生活に慣れるペースに合わせて、時間をだんだんと長くしていくというのが一般的です。

この慣らし保育の期間は保育園によって大きく異なり、3日程度で終わるところもあれば、長いと1か月ほどかかります。

慣らし保育期間が1か月あれば、預ける時間が長くなるのに合わせて授乳回数もゆっくり減らしていけるので、必ずしも入園前から回数などを減らしておく必要はありません。逆に短い場合は準備が必要なケースもあるため、慣らし保育の期間を確認して計画を立てましょう。

搾乳した母乳をあげてくれる保育園であれば、職場で搾乳したものを保存して園まで届け、翌日以降に飲ませてもらうことができます。職場と保育園が近い場合は、昼休みに授乳しに行くというお母さんもいましたよ。

いつまでミルクを飲ませるかの方針も園によって異なり、1歳になったら一律でミルクは終わりという園や、1歳半頃まで飲ませる園などさまざまです。

哺乳瓶拒否でどうしよう！　と心配する方がいますが、コップやストローで飲めればいいという園もあり、哺乳瓶の練習が必須とは限りません。

労働基準法では、生後1年未満の赤ちゃんがいる方は、育児時間を1日2回少なくとも30分ずつ請求できると定められています。

職場で搾乳が必要な場合、職場環境によっては難しいこともあるとは思いますが、スタッフの休憩室や更衣室、鍵がかかる会議室、トイレの個室で搾乳したという方もいます。

また、車通勤の方はサンシェードで目隠しして、車内で授乳ケープを使って搾乳したというお母さんもいました。

第7章では、実際に職場で搾乳するための工夫や、職場復帰後も母乳量をキープする方法についてお伝えします。

## Q 職場でずっと搾乳は必要?

A 月齢が小さく最初は搾乳が必要な場合でも、成長に伴い不要になっていきます。月齢が高ければ、最初から搾乳しなくても大丈夫な方もいますよ。

職場で搾乳する目的は、母乳量をキープするため、または、おっぱいの張りをとるためです。

離乳食が始まる前の子は必要な母乳量が多いため、一気に量が減らないように搾乳するほうがいいかもしれません。しかし離乳食から栄養をとるようになれば、必要な母乳の量はだんだんと減っていきます。

個人差が大きいので、あくまで一例ですが次のようなイメージです。

### ✻ 搾乳回数の目安（個人差あり）

- 離乳食が始まる前……3〜4時間おきに搾乳
- 離乳食が1日2〜3回……0〜2回搾乳
- 離乳食が1日3回＋補食……搾乳なし

一方、母乳量を維持する目的ではなく、おっぱいの張りを解消するためであれば、搾乳しすぎなければだんだんと日中の母乳量は減り、搾乳をしなくても大丈夫になっていきます。

職場で搾乳ができない場合は、慣らし保育の期間を長くとることで職場復帰の前に母乳量を減らしておくのもいいでしょう。

## 職場ではどうやって搾乳すればいいの?

**A** 手か搾乳器を使って搾乳します。搾乳器に保存用の容器や母乳バッグを取り付けることで、そのまま母乳を保存できるものもあるので、利便性を考えて検討してみてください。

母乳を保存する場合は、搾乳前に手を洗い清潔な容器に入れる必要があります。また、搾乳器もさまざまな種類のものがあるので、自分に合ったものを見つけてみてくださいね。

## ✼手で搾乳する方法

①少し前かがみになり、手でおっぱいを支えます。
②乳首の根元から2・5～4㎝くらいのところに、親指と人差し指をあてます（乳輪の少し外側くらいが合う人が多いです）。
③親指と人差し指を、自分の体側に押します（1～2㎝程度）。
④親指と人差し指を押し合わせます。置いた指の位置を変えないのがポイントです。乳首の先に向かって絞るように皮膚をこすったり、ねじったりしないようにしてください。

# 手で搾乳する方法

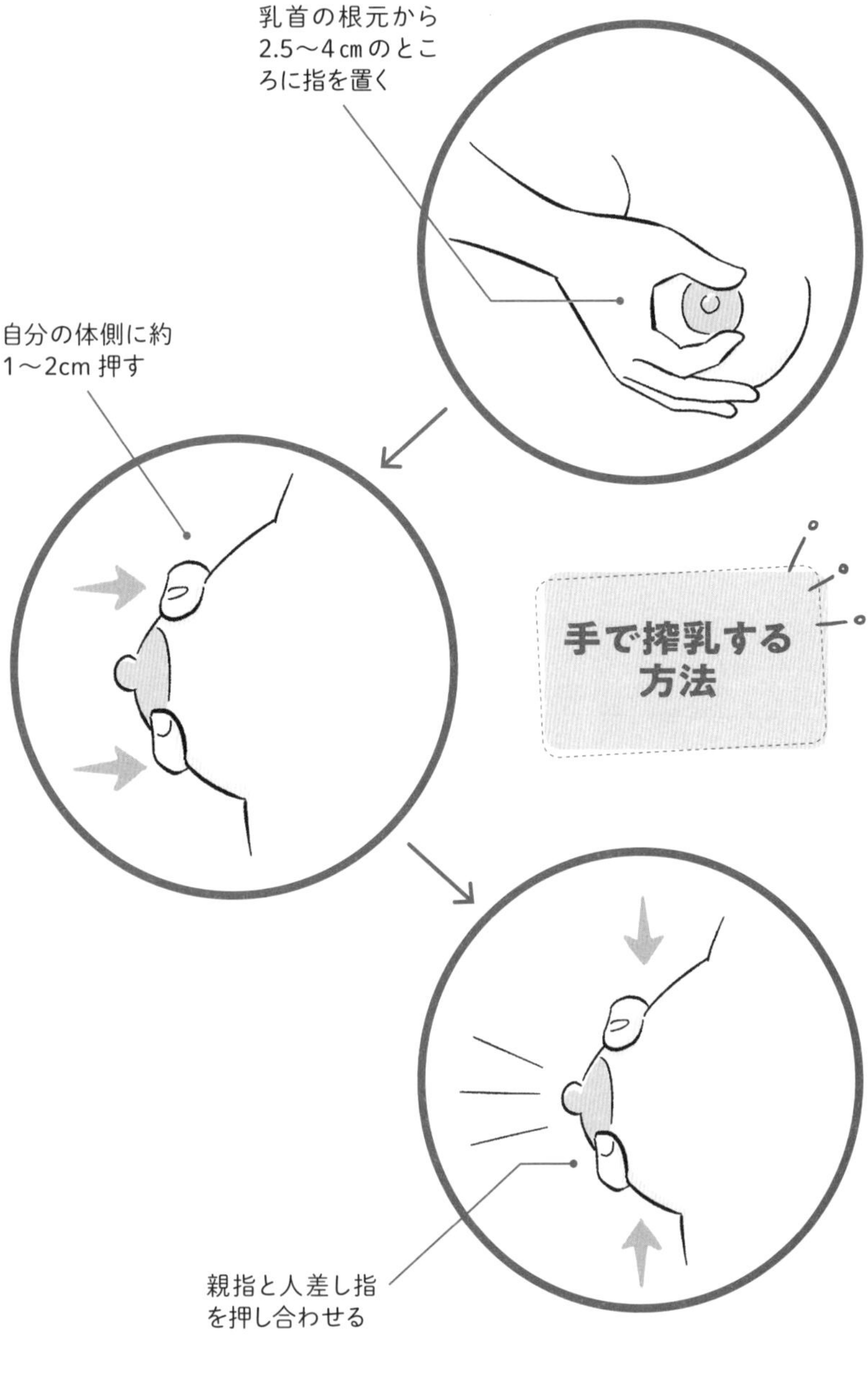
乳首の根元から
2.5～4㎝のところに指を置く
自分の体側に約
1～2cm 押す
親指と人差し指
を押し合わせる

最初は母乳がにじむくらいしかでないかもしれませんが、繰り返していくと、ぽたぽたと出るようになり、そのうちぴゅーっと出る射乳反射が起きると、飛び散るように出てきます。

繰り返しても出る量が増えない時は、指を置く位置や押し方を変えてみてください。乳管はいろいろな方向に向いているので、指を置く位置を変えて、すべての方向から搾乳しましょう。

## ✿ 母乳の保存方法

職場で搾乳した母乳は室温でも保存できますが、できるかぎり涼しい場所に置くか、冷やしておくといいでしょう。

保冷剤を入れた小さいクーラーボックス、保冷バッグ、ステンレスのマグに入れて持ち運んだという方もいました。

冷凍した母乳を使う時は、流水や冷蔵庫で解凍し、湯せんで温めます。40℃以上では成分が変わってしまうため、電子レンジで温めるのは避けましょう。

## ✼ 母乳の保存期間

● 室温（19〜26℃）…4時間（理想）8時間（許容期限）
※衛生管理に気をつけて搾乳したら、蓋をしてできる限り涼しい場所に保管する。

● 保冷バッグ（マイナス15〜4℃）……24時間
※保冷剤が直接当たるようにして、開閉は最低限にする。

● 冷蔵庫（4℃以下）…72時間（理想）〜8日（許容期限）
※衛生管理に気をつけて搾乳する。容器の清潔にも細心の注意を払い、温度変化の少ない冷蔵庫の奥の方に置く。

● 冷凍庫（マイナス18〜マイナス20℃）……6か月（理想）〜12か月（許容

※NPO法人ラ・レーチェ・リーグ日本
「働きながら母乳を続けるヒントとコツ」参照

期限）
※低温が保たれる冷凍庫の奥の方に置く。

## ✽ 搾乳器の使い方

搾乳器のカップを胸に当てて、弱い圧から刺激を続けてください。しばらく続けてもうまく出てこない場合は、手で搾乳して射乳反射が起きてから搾乳器を使ってみましょう。

母乳の出る量が増えてきたら、痛くない程度に圧を強くしていきます。

搾乳器で出なくなったあとでも、マッサージをしたり、手で搾乳するともう少し出る場合もあります。なるべくたくさん搾乳したい場合は、試してみてくださいね。

## 電動タイプ

シンプルな機能のものから、射乳反射を促す「刺激モード」や「搾乳モード」に変えられる高性能タイプのものまでさまざまです。高頻度で搾乳する方は、高性能タイプをおすすめします。

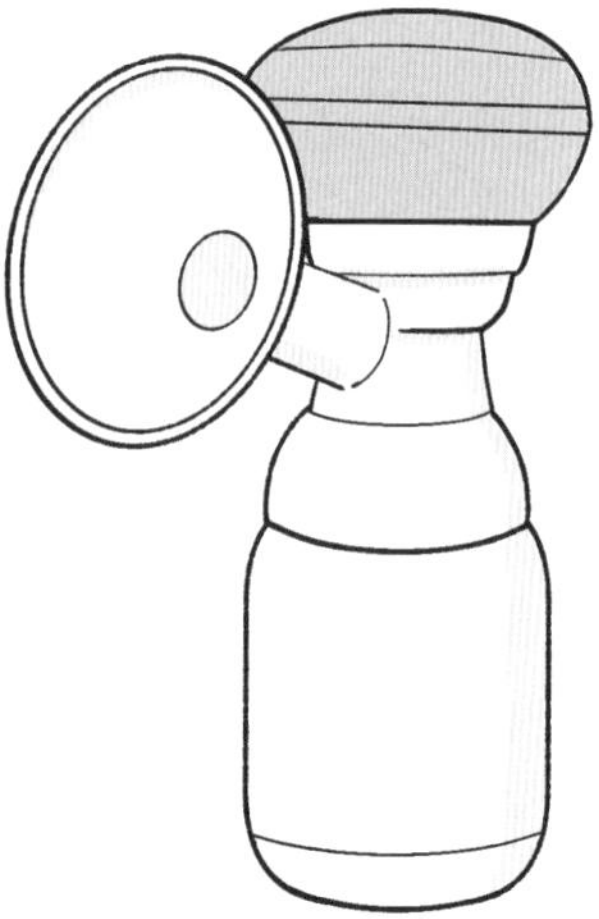

## 電動ダブルポンプタイプ

両方のおっぱいを同時に搾乳できるダブルポンプは、片側ずつの搾乳よりも母乳を作るホルモンの濃度を高めるため、母乳量が増えやすいです。とくに病院用の高性能タイプがおすすめです。高価ですがレンタルで利用することができます。

## 手動のハンドルタイプ

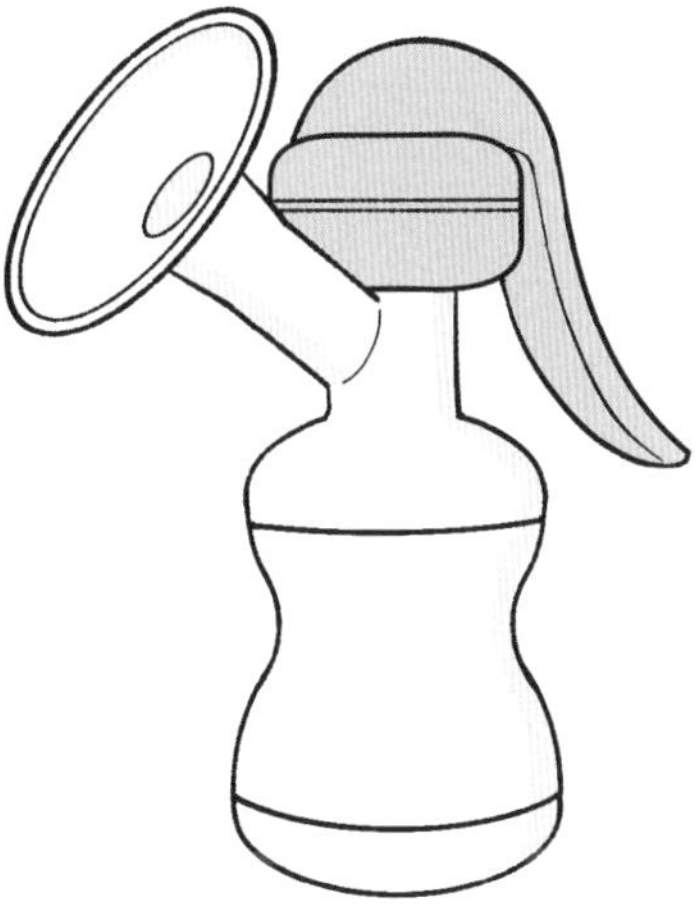

ハンドルを手で動かして搾乳するタイプです。電動よりも安価ですが、肩こりや腱鞘炎を起こすことがあります。

## 手動の簡易タイプ

パーツがないタイプや、ゴム玉を押して搾乳するタイプなどがありますが、しっかり絞ることが難しいことがあるため、母乳量維持、または増やす目的で搾乳をする場合には不向きです。

ただし、製品によってはほかの搾乳器よりもシンプルだったり、コンパクトというメリットがあるので、張りを和らげるために、外出時や職場で一時的に絞る場合には重宝したという方もいます。

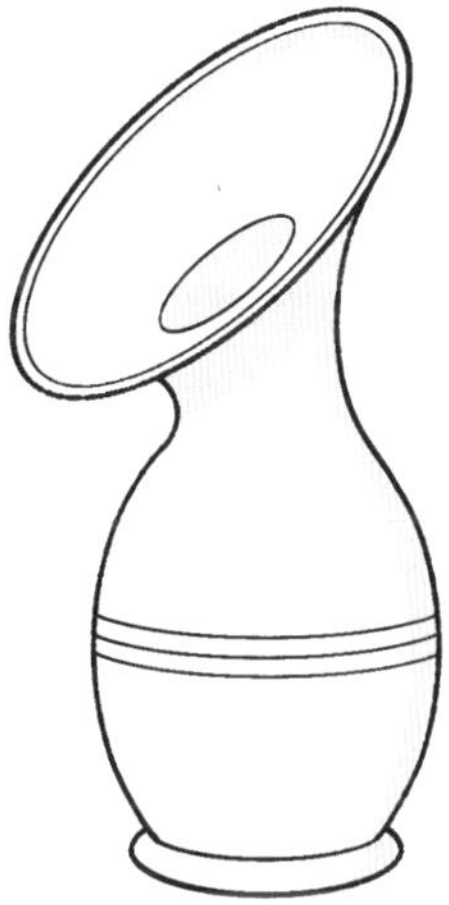

COLUMN

## ワーママデビューをする方へ

働きながら母乳育児なんて私にできるかな？　と不安になっている方も多いと思います。私は働きながら３人目を母乳で育てていますが、朝の授乳がなかなか終わらない時は「もう、早くして～　遅刻する！」と焦ったことが何度もありました（笑）

でも、大変なことばかりではないんです。私の講座を受講した方が、すてきなメッセージをくれたので紹介します。

「負担どころか癒しタイムでした。復帰して、保育園が始まって不安も多い中、授乳が支えのような感覚でした！たぶん母子ともに！」

働くお母さんにとって授乳の時間が、こうして癒されたりホッとできたり、心の支えとなるような時間になるといいなと思います。やがて親元を離れて自立する子に、母親が働く姿を見せることはプラスになるはずです。

母乳育児を楽しんで、明るく前向きにワーママ生活をスタートしてくださいね。応援しています！

# 第8章

# 断乳・卒乳をハッピーに迎えよう！

お母さんになった瞬間から、ずっと続けてきた授乳生活。お疲れさまでした。よくがんばりましたね。

明るく前向きにおっぱいの卒業を迎えられるよう、最終章では断乳と卒乳のステップをお話しします。

まずは、それぞれの言葉の定義をお伝えします。本書では、おっぱいを卒業するタイミングを、赤ちゃんとお母さんのどちらが決めるかで次のように表わしたいと思います。

## 断乳

お母さんが決めたタイミングで授乳をすべて終わりにすること。あらかじめ授乳の回数を減らすなど準備をしてから断乳をする方法と、準備をせず一気に断乳する方法があります。

**部分断乳**

生活スタイルに合わせて一部の授乳を終わりにし、続けられる部分の母乳育児は続けていくこと。必要に応じて、ミルクや搾乳した母乳に置き換えます。

**卒乳**

赤ちゃんが自然に飲まなくなるまで授乳を続け、赤ちゃん自らが終わりにするタイミングを決めること。

## 断乳は3つのステップで進めよう

「断乳をしよう！」と決めたら、おっぱいの卒業を迎えるための準備をしていきましょう。ただ、いざ断乳を始めてみると、おっぱいを求める赤ちゃんが泣く様子を見て、迷ってしまう方は珍しくありません。

迷ったら「やっぱり断乳やめた！」でもいいんです。お母さんが本当に「やろう！」と思った時がベストです。

もし「やっぱり断乳やめた！」となっても、失敗とは思わずに「今がタイミングじゃなかっただけ」と前向きに考えてくださいね。

断乳はいつからだってできます。授乳生活を楽しみながら、ご自身のタイミングでスタートしてみてください。

ここからは、断乳準備の3ステップをご紹介します。

## ステップ1　断乳にいいイメージをもつ

授乳が終わってしまうのが寂しい、赤ちゃんがかわいそうなど、断乳に対してマイナスのイメージをもっている人はいませんか？　断乳とは、赤ちゃんとお母さんの明るい成長のステップです。

みんないつかは、おっぱいを卒業する日が来ます。初めて寝返りをした、ハイハイをした、ママと呼んでくれた！　といった成長のステップの一つに、おっぱいの卒業もあるのです。

「飲んでくれてありがとう。私のおっぱいもがんばってくれてありがとう」という前向きなイメージを作っておきましょう。

## ステップ2　断乳の日を決めて赤ちゃんにも伝えよう

万が一、乳腺炎になった時のことを考えると、断乳する日は病院がやっていないお正月やＧＷなどの長期休みを避けるほうが安心かもしれません。

日にちを決めたら、赤ちゃんの機嫌がいいタイミングで「あと何日したらおっぱいバイバイだよ」と1日1回伝えます。これはお母さんにとって心の準備期間にもなる大切なステップです。

## ステップ3　母乳量を減らしておこう

授乳の回数が多い人、母乳量が多い人、乳腺炎になったことがある人、ケアを受けられる場所が近くにない人は、あらかじめ母乳量を減らしておいてから断乳をするほうが安心でしょう。

減らすペースは、母乳量や乳腺炎のなりやすさなどによって異なります。おっぱいの状況と相談しながら進めてください。

## ❇ 専門家と一緒に断乳を進める場合の注意点

助産院や母乳外来に通い、専門家と一緒に断乳を進める方もいると思いますが、伴走してくれる助産師との相性も大切です。一度相談してみるといいでしょう。

進め方は助産師によって異なるので、セカンドオピニオンに行くように、聞きに行くのもいいかもしれません。ご自身に合う方を見つけてくださいね。

## ✼ 最後の授乳となる断乳日の過ごし方

いよいよ今日がおっぱいを卒業する日。今まで授乳をよくがんばりました。おっぱいのご卒業、おめでとうございます！

「今まで飲んでくれてありがとうね」と伝えながらゆっくりと2時間かけて最後の授乳をしたという人や、記念に写真や動画をたくさん撮ったという人もいますよ。

夜おっぱいで寝かしつけていた赤ちゃんは、断乳後はなかなか寝つくことができずに泣くことが多いです。数時間泣き続けたとしても、いつかは必ず寝てくれます。泣き声を聞くのがつらい人は、ワイヤレスイヤホンで音楽を聴くなど、工夫をしてみてくださいね。

赤ちゃんを寝かせようと抱っこをすると、暴れた赤ちゃんの手が張っているおっぱいに当たって痛いという人もいますので、夜の赤ちゃんへの対応は、お父さんなどの協力があると心強いでしょう。

## ✻ 断乳当日からの数日間はどう過ごす？

おっぱいが張ってから母乳を半日以上溜めておくと母乳づくりがストップし始めるので、ある程度「溜める」ことが必要ですが、張って痛くつらい場合は短時間、少し搾乳しても大丈夫です。

24時間以上たったら、1度スッキリするまで搾乳し、また24時間以上たったら搾乳する……ということを繰り返します。

搾乳してもまた母乳は作られますが、作られる量はだんだんと少なくなっていくため、搾乳の間隔はあいていくでしょう。

張りがさほどつらくなければ、24時間以上そのままでも問題ありません。長い時間溜めておいたほうが、母乳作りは早くストップします。

逆に、おっぱいがパンパンでとても痛い時は、搾乳を24時間我慢する必要はありません。溜める時間が短ければ母乳作りがストップするペースはゆっくりになります。1か月くらいかけて減らしていく人もいます。無理をせず進めてくださいね。

ここからは、お母さんたちからよく聞かれる間違った断乳の情報に対して、お答えしようと思います。

Q

## 断乳・卒乳後にケアをしないと乳がんになる?

いいえ、残った母乳が原因でがんになるということはありません。助産師が断乳時におっぱいをマッサージするというのは日本独自の文化で、世界では一般的ではありません。

残った母乳は体に吸収されてしまうので、痛みやしこりなどの症状がなければ、そのままおっぱいの卒業を迎えて大丈夫です。

A

Q

1歳になったら断乳したほうがいいの?

そう言われるのは、母子手帳にそのようなことが書かれていた時代の名残だと思います。WHOは２歳かそれ以上まで子どもが欲しがるだけ与えましょうと言っていますし、赤ちゃんが欲しがらなくなるまで長く授乳を続けても大丈夫です。
お母さんの価値観やお子さんの様子に合わせて決めてくださいね。

A

Q

## 1歳をすぎたら母乳の栄養がなくなる?

いいえ、母乳中の栄養は減るものもありますが、なくなりはしません。

授乳を続けていると、1歳をすぎても平均約450mℓ飲むと言われていて、その中には、1～2歳の子が必要とする熱量の29%、たんぱく質の43%、ビタミンAの75%、ビタミンB12の94%が含まれています。

母乳に含まれる免疫成分もなくならないので、1歳をすぎても赤ちゃんを病気から守ってくれますよ。

A

Q

赤ちゃんが小食です。
断乳したらごはんを食べるようになる?

食べるようになる子もいれば、変わらない子もいて、個人差があります。食べることを促すアプローチは断乳以外にもたくさんあります。
食べる姿勢を整える体に合った椅子選び、食事に集中できる環境、食卓の雰囲気、調理の工夫、食べ物に興味を促す工夫など、断乳以外にできることからやっていくのがおすすめです。

A

Q

## 断乳後にミルクって必要？

A

食事だけで体重が増えれば必要ありません。WHOの補完食の考えでは、日本の離乳食より食事回数が多く、生後6～8か月は1日2～3回、生後9か月～2歳は3～4回で、それぞれ食欲に応じてさらに1～2回の補食をあげてもよいとしています。

1回の食事量を増やすより、回数を増やしたほうが1日の合計量が増える子もいるので、なるべく食事から栄養をとらせたい方は参考にしてみてくださいね。

Q

## 断乳・卒乳後、
## 数か月しても母乳が出ますが……

A

断乳・卒乳後も母乳が少し出ることはあります。

なかには5年たっても出るという人もいるので、そのままにしておいて大丈夫です。ただし、生理不順や生理が来ない人の場合は、稀に高プロラクチン血症という病気によって母乳が出ることもあります。

また、血が混じるなど母乳の色ではないものが出る時は受診するようにしましょう。

Q

## 夜間断乳をしたいのですが、注意することは?

A

夜に授乳をしなくても大丈夫になる時期は個人差があるため、まだ栄養的に夜の授乳が必要な子は、夜間断乳をしたあともミルクなどをあげる必要があります。

また、夜の授乳をなくすと日中の母乳量が減ってしまうことがあるので、日中の授乳の回数を増やしたり、1度でなるべくたくさん飲んでもらえるように工夫してみてください。

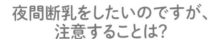

Q

## 夜間断乳って
## いつになったらしてもいい？

A 次の3点がクリアできることが目安です。

・体重の増え方が順調である
・離乳食を1日3回しっかり食べている
・夜の授乳をなくした分の栄養を日中にとれる

## ✼ 夜間断乳をしていいタイミングとは？

夜の授乳が必要な月齢は、赤ちゃんによって大きく差があるため、参考として専門書から得た情報を記載しておきます。

まず、夜泣き外来の医師である小児科医の菊池清先生の著書『夜泣きが止まる本／風鳴舎』には、「ひどい夜泣き（乳幼児慢性不眠障害）が夜間授乳の影響を受けているならば、離乳食が3回になった生後9か月以降であれば、夜間断乳をおすすめしています」と書かれています。

また、小児の睡眠コンサルタントとして活動する医師、森田麻里子先生の著書『医者が教える赤ちゃん快眠メソッド／ダイヤモンド社』では、「生後9か月をすぎても夜中に目が覚めるのは、通常、お腹がすいているからではありません」とのことです。

実際は、1歳をすぎても夜の授乳をしている子はたくさんいるので、無理になくす必要はありませんが、夜間授乳がつらくて終わりにしたいなと思った時は参考にしてみてください。

夜間断乳をしたいけど栄養面が心配な方は、一気にすべてをやめるのではなく、回数を減らすところからスタートしたり、離乳食を増やしていくといいでしょう。

Q

## 夜間断乳後も夜泣きがなくなりません

A 眠りが浅くなったタイミングで目が覚めてしまった時に、自力で眠ることができないと夜泣きが続いてしまうため、断乳をする際は「自力で眠る力」も一緒に育てていきましょう。

## 夜間断乳のステップ

夜間断乳をする数日前から、1日1回赤ちゃんの機嫌のいいタイミングで「夜のおっぱいはバイバイしようね」「自分で眠れるように練習しようね」と伝えておきます。断乳当日は、母子ともに体調が悪い日は避けましょう。

### ✽ 眠りやすい環境を整えておく

おっぱいがなくてもなるべく眠りやすいように、寝室の環境を整えておきましょう。ポイントは「光」と「温度・湿度」です。

赤ちゃんが眠りやすいのは、真っ暗な寝室です。常夜灯は消し、廊下の明かりや朝日などの光が入ってくるのも避けましょう。

室温は、夏は25～27℃、冬は18～20℃、湿度は50～60％が快適に眠れる目安になります。

## ✽ 夜間断乳で夜泣きをなくすには

夜間断乳を始めた初日は、眠るまでに長い時間がかかると思います。この時、授乳の代わりに毎回寝入る瞬間までトントンや抱っこで寝かしつけをすると、それをしないと眠れなくなり、断乳後も夜泣きが続くことがあるので注意です。

「眠る力」を育てるためには、親のサポートは最小限に。なるべく自力で眠入れるよう見守りましょう。

サポートがなくても眠れる経験を積み重ねることで、夜中に目が覚めても自力で眠れるようになり、夜泣きがなくなっていきます。

## Q 卒乳の目安はいつ頃ですか?

A WHO によると、2歳かそれ以上、米国小児科学会では少なくとも 12 か月、それ以降はお母さんと赤ちゃんが望む限り授乳を続けるようにすすめていますが、終わりの目安は書かれていません。卒乳は赤ちゃん自身がおっぱいを卒業する時期を決めるものなので、個人差がとても大きいのです。

卒乳には大きく分けて3つのパターンがあります。お子さんによって卒乳のタイミングも進み方もまったく異なるので、知っておくことで心の準備をしておきましょう。

## ✻ 授乳回数が徐々に減っていくパターン

離乳食が始まり、1回食、2回食、3回食、補食……と、食べる量が増えていくのに応じて、必要とする母乳の量も授乳の回数も減っていくパターンです。

赤ちゃんはごくごく飲むのではなく、遊びながらで集中して飲まなかったり、短時間で飲むのをやめたりと、1回の授乳時間も短くなります。

また、ハイハイ、タッチ、そして歩き始めることでいろいろな物に興味を示すようになるため、おっぱいへの執着も減っていき、そのうち、今日は1回も授乳しなかったな、という日が来るようになります。自然におっぱいを卒業していくので、「そろそろ卒乳かな」とお母さんも心づもりをすることができると思います。

### ✻ 減ったり増えたりを繰り返すパターン

離乳食が増えて授乳が減ってきたなと思っていたら、またおっぱいを求めてくることが増えてきた、というタイプの子です。

おっぱいへの執着度は赤ちゃんによってまちまちで、この子は執着がないな~と感じていたのに1歳をすぎたら「おっぱい大好き」に変身する子、新生児の頃からずっと変わらずおっぱいが大好きな子もいます。

1歳や2歳をすぎても新生児並みかそれ以上の回数を飲むという子も珍しくないので、回数が多くても心配しないでくださいね。

## ✼ 突然飲まなくなるパターン

普段と変わった様子はないのに、翌朝いつものように授乳しようとしたら赤ちゃんが飲まず、そのまま卒乳を迎えるという子もいます。なんの前触れもなく突然卒乳するのがこのパターンなので、いつ卒乳の日が来てもいいように、心の準備をしておくことをおすすめします。

ただし、このパターンの子にはひとつ注意点があります。

1歳前で卒乳する子はあまりいないので、母乳からの栄養が必要と思われる時期に急に飲まなくなった場合は、ナーシング・ストライキ（121ページ参照）を疑ってみてください。

このように、卒乳といってもいろいろなパターンがあります。卒乳は赤ちゃん主導だからこそ、おっぱいの卒業までの道のりは赤ちゃんによってみんな違います。

授乳フォトや、母乳ジュエリーといって母乳を加工してアクセサリーやビーズとして形に残しておけるサービスもあるので、記念に利用してみてもいいかもしれません。

「うちは卒業までどんな道のりで進むのかな?」と、卒乳までのストーリーをぜひ楽しんでくださいね!

COLUMN

## 幸せなおっぱいの卒業を迎えるために

赤ちゃんが生まれた日から毎日してきた授乳。
当たり前のようなこの日々も、必ず最後の日が訪れます。

うまく飲ませられなかったり、痛かったり、夜中の授乳が大変だったりと、授乳生活は楽しいことばかりではなかったかもしれません。よくがんばりましたね！

初めて母乳をあげた日から、おっぱいを卒業する日までのストーリーは、100組の親子がいたら、100通り。みんな違うドラマがあります。

だからこそ、授乳する最後の日は「今まで飲んでくれてありがとう！　私のおっぱいもよくがんばった。ありがとう！」と感謝して、あなたのストーリーを少しでもいいものにしてもらえたら嬉しいです。

大変だったことも楽しかったことも、すべてをひっくるめて「授乳を経験できた人生でよかったな、お母さんになれて幸せだな！」と感じられるような、明るく前向きなおっぱいの卒業を迎えられることを祈っています。

# おわりに

育児の中で、唯一お父さんができないことが「母乳を作る」ということです。

お母さんにしかできない、そんな大切な大仕事をしているわけですから、私はあなたに「よくがんばっていますね！」と労いと拍手をお贈りしたいですし、ぜひご自身をたくさん褒めてあげてください。

そしてこの「お母さんになって母乳をあげた」という経験ができたこと自体が、子育ての思い出の「宝物の1ページ」になるといいなと思っています。

母乳をあげることは、すべての女性が経験できるわけではありません。

パートナーとご縁があったこと、お腹に赤ちゃんが来てくれたこと、元気に育ってくれたこと、無事に生まれてくれたこと、体が母乳を作ってくれたこと……それらたくさんの奇跡が重なって初めて経験できることなのです。

「人生100年時代」ともいわれています。

その長い人生で考えると、母乳をあげることができる期間はほんの一瞬です。今しかできないこのかけがえのない貴重な経験ができた自分に、ぜひ誇りをもってくださいね。

あなたにしか作ることができない母乳というプレゼントを、赤ちゃんに贈ることができたということが、あなたの育児の宝物になりますように。

最後に。私は助産師として、母乳育児に悩むお母さんたちにたくさん出会ってきたことで、少しでもラクに、悩まず、幸せに授乳できるお母さんが増えて欲しいなと思い、この本を書きました。

しかし、この本は私だけの力でできたものではありません。

本書の制作に関わってくださった編集者さん、企画をプロデュースしてくださった鮫川佳那子さんは、母乳育児を経験したお母さんです。すてきなチームでこの本を作れたことを、本当に幸せに思います。

そして今まで関わらせていただいたたくさんのお母さん、世界各地に住むママフォロワーさんたちからは、さまざまな経験談やお声をお寄せいただきました。

そのおかげで、多様な生活背景のお母さんたちがどんなことに悩むのか、というリアルな声を反映することができ、よりお役に立てる本にすることができたと思います。

この本に携わってくださったすべての方に、心から感謝いたします。

そして、私に母乳育児を経験させてくれたかわいい子どもたちにも感謝です。ありがとう。


この本を読んで「役に立った」「読んでよかった」と思っていただいて、あなたの大切な人が出産を迎える時にプレゼントとしていただけたら嬉しいです。


190ページのメッセージページは、出産のお祝いや子育ての応援の贈り物や、授乳を卒業した記念に赤ちゃんへのメッセージを書けるように作りました。

温かい想いを文章として残すことで、振り返った時に素敵なよい思い出になりますように。

子育てのスタートである母乳育児を通して、世界中のお母さんとお子さんに幸せがたくさん訪れますことを心から願っています。

# おっぱい卒業証書

くん・ちゃん

おっぱいの卒業おめでとうございます！
母乳を飲んでくれてありがとう。

わが家にやって来てくれて
お母さんにしてくれたことに
感謝の気持ちを贈るとともに
母乳を飲み立派に育ち
成長したことをここに証します。

年　　月　　日

MESSAGE

FROM

# 参考文献


『母乳育児ハンドブック』／日本小児医療保健協議会（四者協）栄養委員会（編集）・水野克己、永田智、清水俊明（監修）／東京医学社（2022）

『乳腺炎ケアガイドライン 2020』／日本助産師会・日本助産学会（編集）／日本助産師会出版（2020）

『母乳育児支援講座改訂2版』／水野克己・水野紀子／南山堂（2017）

『改訂第2版よくわかる母乳育児』／水野克己・水野紀子　瀬尾智子／へるす出版（2012）

『これでナットク母乳育児』／水野克己（監修）本郷寛子・瀬尾智子・水野紀子（編著）／へるす出版（2009）

『母乳育児支援スタンダード第2版』／NPO法人日本ラクテーション・コンサルタント協会（編集）／医学書院（2015）

『ドクターKIRIKOおっぱい育て』／涌谷桐子（監修）／NPO法人日本ラクテーション・コンサルタント協会ニライ社（2008）

『働きながら母乳を続けるヒントとコツ』／NPO法人ラ・レーチェ・リーグ日本／NPO法人ラ・レーチェ・リーグ日本（2022）

『夜泣きが止まる本』／菊池清／風鳴舎（2020）

『家族そろってぐっすり眠れる　医者が教える赤ちゃん快眠メソッド』／森田麻里子（著）・星野恭子（監修）／ダイヤモンド社（2020）

『ちょっと理系な育児』／牧野すみれ／京阪神エルマガジン社（2017）

『日本人の食事摂取基準』／厚生労働省（2020年版）

『授乳・離乳の支援ガイド」／厚生労働省（2019年改訂版）

『授乳と薬について知りたい方へ』／国立研究開発法人 国立成育医療研究センターHP
https://www.ncchd.go.jp/kusuri/lactation/

『教えて！ドクター』 https://oshiete-dr.net/

**水内早紀**（みのちさき）助産師・助産院 Hug 代表
大学病院、個人病院に勤務したのち、世界中どこからでも育児相談や講座が受けられるオンラインの助産院を開業。
「学びで育児を、もっとラクに楽しく幸せに!」をミッションに、赤ちゃん育児の専門家として、赤ちゃん育児の3大悩みである「授乳・離乳食・寝かしつけ」に役立つ情報を、Instagram を中心に発信している。SNS 総フォロワー 12 万人。プライベートでは5歳・4歳・0歳を子育て中。

**助産師さき先生の**
**はじめての母乳育児**

2024 年 1 月 30 日　第 1 刷発行
2024 年 8 月 8 日　第 2 刷発行

著　者　水内早紀
発行者　徳留慶太郎
発行所　株式会社すばる舎
〒 170-0013　東京都豊島区東池袋 3-9-7 東池袋織本ビル
TEL　03-3981-8651（代表）　03-3981-0767（営業部）
FAX　03-3981-8638
https://www.subarusya.jp/
印　刷　ベクトル印刷株式会社

落丁・乱丁本はお取り替えいたします

ISBN978-4-7991-1185-7